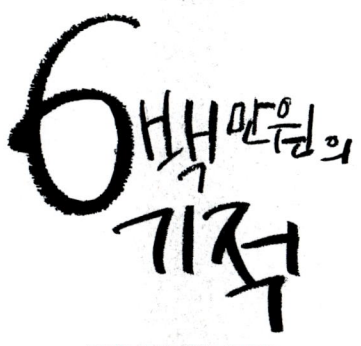

# 6백만원의 기적

**파이브잡스 '상남자야'**
**이제윤의 버킷리스트**

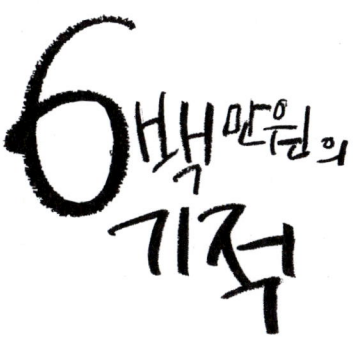

# 6백만원의 기적

**파이브잡스 '상남자야'**
## 이제윤의 버킷리스트

새로운사람들

## 이야기를 시작하며

600만 원의 기적, 그리고 꿈을 팝니다

유치원이나 초등학교 시절 선생님께서 꿈에 대해 물어보면 많은 아이들이 의사, 간호사, 과학자, 선생님, 대통령, 스포츠 선수 등…… 적어도 저의 어린 시절에는 이런 꿈들이 주로 발표가 되었던 기억이 납니다.

하지만 그 꿈은 나이를 한 살, 한 살 먹고 상급학교로 진학할수록 어린 시절 발표했던 것과는 전혀 다른 방향으로 바뀌거나 아니면 포기하게 되는 경우가 많습니다. 물론 그 꿈을 포기하지 않고 끝까지 달려가는 사람들도 있습니다.

이렇듯 누구나 꿈을 꾸고, 누구나 그 꿈을 이루고 싶어 하며 살고 있습니다. 그 꿈이 크든 작든 말이죠. 그런데 안타깝게도 누구나 그 꿈을 이루지는 못합니다. 이유는 여러 가지일 것입니다. 본인이 담을 수 있는 그릇에 비해 너무 큰 꿈을 가졌다거나, 꿈을 꾸기만 하고 이 핑계 저 핑계로 그 꿈에 도전하지 않거나, 아니면 가정형편이나 환경이 안 되거나…… 여러 가지 이유가 있을 것입니다.

여러분의 어린 시절 꿈은 무엇이었는지요?
혹시 어른이 된 지금의 꿈은 무엇인지요?
그 꿈은 얼마나 어떻게 성취했으며, 또한 그 꿈을 이루기 위해 지금 무엇을 하고 있는지요?

제 나이 마흔 중반, 저 역시도 어린 시절부터 꿈꾸던 것들이 있었고 또한 나이가 들면서 새롭게 꾸게 되는 꿈들이 있습니다. 저 역시 포기한 꿈들도 많습니다.

하지만 어느 누구보다 꿈에 대한 욕심이 많아 하루하루 정말 많은 꿈들을 꾸면서 살고 있습니다. 그리고 그 꿈을 지금까지 하나하나 이뤄나가고 있습니다. 아주 소소한 꿈이든 큰 꿈이든 저에게 있어서는 아주 소중한 꿈 이야기를 여러분과 나누고 싶습니다.

그렇다고 제 인생이 전기문에 실릴 만하거나 영화로 제작될 만큼 대단한 인생 스토리는 아닙니다. 저보다 더 열심히 살아오신 분들도 있을 것이고 저보다 더 성공한 인생을 사신 분도 있을 것입니다. 또한 저보다 글도 더 잘 쓰고 인생의 더 큰 교훈을 주실 분도 분명히 있을 것입니다. 저는 그저 성실하게 열심히 살아온 제 인생을 나누고자 하는 것입니다.

무엇보다 제 짧은 인생 스토리가 결코 정답은 아닙니다. 무조건 저처럼 살아야 한다고 절대 강요하지 않겠습니다. 제 글을 읽고 참조만 하여 자기만의 인생을 설계하시면 됩니다.

부족한 제 인생 스토리지만 한 분이라도 세상을 살아가는 데 도움이 되고 희망이 되길 바라는 마음으로 용기를 내어 펜을 들게 되었습니다.


제가 스스로에게 별명을 붙이기를 우스갯소리로 '스티브잡스 짝퉁 파이브잡스'라고 했습니다. 중견기업 인사총무팀장, 트로트가수 겸 MC, 작곡가, 농부, 강연자까지 현재로선 '잡(직업, job)'이 다섯이라 '파이브잡스'입니다.

여기서 오해하실까 싶어 미리 말씀드립니다. 제 본업은 중견기업 인사총무팀장입니다. 나머지 넷은 직업으로 치기엔 너무 거창하게 과장되었을 성싶고, 다만 본업에 절대 피해가 가지 않도록 보통의 사람들 휴식시간에 시간을 쪼개 하는 일들입니다.

누군가는 골프 치러 가는 시간에, 누군가는 자는 시간에, 또 누군가는 여행하는 시간에, 누군가는 게임하는 시간에 여가 생활로 하는 일이고 요즘 한창 재미기 들린 목수 같은 직종(職種)을 얼마든지 늘릴 수도 있겠지요.

사실 회사에서도 '파이브잡스' 정도의 업무를 하고 있습니다. 원래 업무인 인사와 총무, 그리고 직원들의 교육과 문화재단 업무, 추가적 업무 등 몸이 여러 개라도 모자란 형편입니다.

그래서인지 가끔 제 주변 분들이 저에게 질문을 합니다.

"잠은 자나?"

제 대답은 언제나 씩씩합니다.

"네. 저 잠 잘 만큼 다 잡니다. 대신 시간을 헛되게 보내지 않으려 노력할 뿐입니다."

그래서 그런지 많은 분들이 저에게 이런 말씀을 해주십니다.

"정말 열심히 사는 너를 보면 힘이 절로 난다."

또한 저를 에너자이저, 긍정의 아이콘, 철인28호 등으로 불러주시고, 저를 바라보면서 자신의 다람쥐 쳇바퀴 돌듯 하는 삶을 되돌아보게 된다고 말씀하시는 분들도 많이 있습니다.

누구에게 보이려고 살아가는 삶은 절대 아니었는데 그냥 주어진 삶에 대해 열심히 살다보니 이런 칭찬을 듣게 되었습니다. 그리고 누군가에게 작은 희망과 위로가 되었다는 그 자체만으로도 감사할 뿐입니다.

저 역시 요즘 세간에서 유행하는 말처럼 소위 '흙수저' 인생이었습니다. 하지만 결코 기죽지 않았습니다. 절대 자포자기의 삶을 살지 않았습니다. 당연한 이야기로 부모님을, 그리고 사회를 원망하거나 탓하지도 않았습니다.

아울러 제가 좋아하는 성경말씀이 있습니다.

"내가 나 된 것은 하나님의 은혜로 된 것이니 내게 주신 그의 은혜가 헛되지 아니하여 내가 모든 사도보다 더 많이 수고하였으나 내가 한 것이 아니요 오직 나와 함께 하신 하나님의 은혜로라."(고린도전서 15:10)라는 말씀입니다.

제 스스로가 교만함을 내려놓고 겸손한 자가 되기 위해 오늘도 노력하고자 합니다. 내가 잘 나서가 아니라 누군가의 도움과 누군가의 기도로 지금의 제가 있다는 것을 절대 잊지 않도록 자신을 다잡겠습니다.

자, 그러면 파이브잡스 <상남자야>, 이제윤의 꿈에 대한 인생 스토리 지금부터 본격적으로 시작합니다.

# 첫째 마당

## 이재윤의 히스토리, 뜻을 세우다

▲ 어린 시절 형과 함께

7남2녀의 막내/48

자랑스러운 늦둥이 막내아들/49

다산가족의 비화/50

아버지의 긴 한숨과 어머니의 눈물/51

잉꼬부부 부모님과 세상 떠나신 아버지/52

이제윤이라는 이름 석 자/54

"뻥"이요/55

유아원 수석 졸업/56

아빠하고 나하고 만든 꽃밭에 채송화
도 봉숭아도 한창입니다/57

내 귀는 박 대통령 귀/58

아스라이 한 겨레가 오천 재를 밴 꿈이/59

합창부에 들어가다/60

나의 또 다른 이름 '대발이'/62

▲ 가족들과 함께

▲ 고교 시절 부산고등학교

교사의 꿈을 놓치다/63
이등병의 편지/64
해운대를 바라보며 복무하는 행운?/65
사랑의 짝대기/66
강원도 양구군 남면에서/69
새로운 출발, 자취를 시작하다/71
신문배달/72
어머니 떠나시다/73

▲ 2사단 정비대 보급과 전우들과 함께

## 둘째 마당
## 일터에서의 꿈

취업난을 겪다 /78

금강공업 입사 /78

진천공장 거쳐 드디어 서울로 발령받다 /80

인사총무 팀으로 옮기다 /82

우수사원, 그리고 특별 승진 /83

▲ 회사 사옥 앞에서

| 경영회계부문 | 5급 | 이 승 희 | 창녕.연암회계팀 |
|---|---|---|---|
| 경영회계부문 | 5급 | 전 영 훈 | 창녕.연암회계팀 |
| 경영기획실 | 5급 | 하 민 구 | 경영기획실 |

(6) 슈퍼바이져

| 사업부 | 승급 | 성 명 | 소 속 |
|---|---|---|---|
| 특수사업부 | 선 임 | 김 수 한 | 기술지원팀(토목) |

(7) 특별승급

| 사업부 | 승급 | 성 명 | 소 속 |
|---|---|---|---|
| 경영지원부문 | 1급 | 이 제 윤 | 인사총무팀 |

▲ 특별승진 인사발령

# 셋째 마당
## 무대의 꿈을 이룬 〈상남자야〉

### 가수 이제윤 /88

▲포털사이트에 있는 이제윤

MC의 꿈이 이루어지다/92

작곡가의 꿈/93

선거 캠페인 송으로 불릴 뻔한 <한 눈에 뿅>/94

▲ 부산고 28회 졸업 40주년 행사 MC

▲ 선거 캠페인 송으로 불릴 뻔한 <한눈에 뿅>

# 저작권신탁증서

제 10009701 호

위 탁 자 이제윤 귀하

신탁기간 2015년 04월 22일 부터 2020년 04월 21일 까지

단, 신탁기간 종료시에 본 협회 신탁계약 기간의 정함에
따라 신탁기간이 자동 연장된 경우는 그 기간까지로 한다.

본 협회의 저작권 신탁계약약관에 의해 현재 귀하가 소유하고

있는 모든 저작권 및 장차 취득할 모든 저작권을 신탁하였기에

본 증서를 교부합니다.

2015년 04월 27일

수탁자  사단법인  한국음악저작권협회회장

▲ 나도 저작권 받는 작곡가

뮤지컬 배우, 그리고 성악가의 꿈/95
언론에 보도가 되고 라디오에 출연하다/97
나도 팬클럽 있어요/99

▲ 뮤지컬에서 열연을 펼치다

▲ 부산TBN 교통방송 출연

천생배필과 특별한 프로포즈/100
안양에서는 나름 유명인/103
유명인을 만나다/104

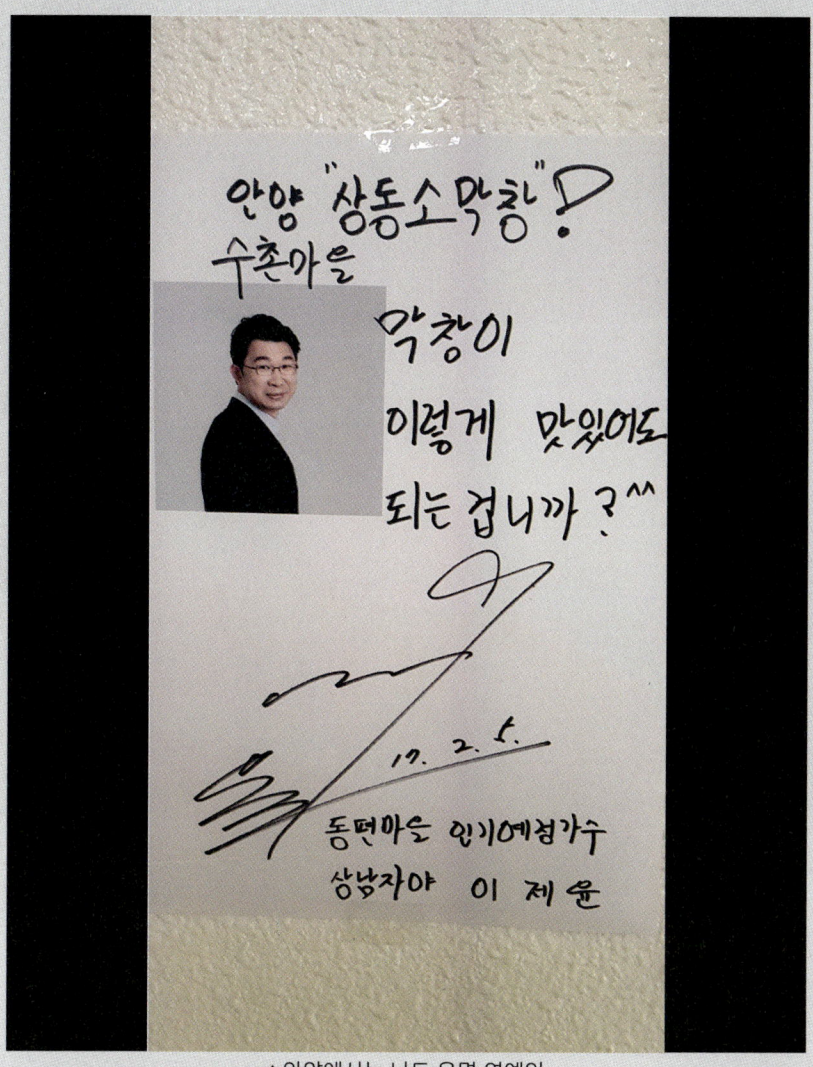

▲안양에서는 나도 유명 연예인

▲ 아내의 생일 이벤트

▲ 결혼식에서

▲ 진짜 유명인들과 함께

## 넷째 마당
### 나는 농부로소이다

군대 농부/108
회사 농부와 도시 농부/109
응급실로 실려 가다/112

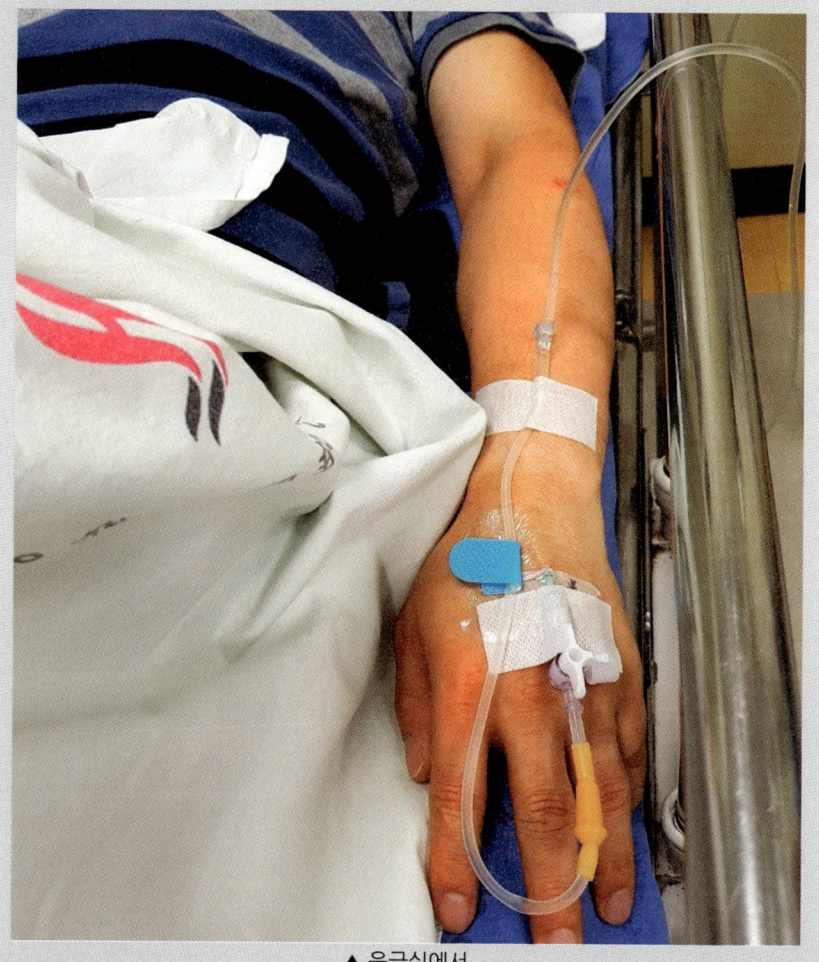

▲ 응급실에서

▲ 내가 키운 배추와 포옹하다

# 다섯째 마당
## 내 집 마련의 꿈과 세컨드 하우스

21평 아파트 전세와 전세 값 폭등/116
내 이름 석 자로 아파트 분양받다/118
MBC 라디오 여성시대에 소개된 내 사연/120
동 대표를 연임하다/122
세컨드 하우스 이야기/122

▲ 소박한 세컨드 하우스

▲ 우리 동네 안양 동편마을

## 여섯째 마당
## 나눔의 전도사

교도소를 찾아가다/126

생명의 전화 자살예방 홍보대사/127

독거노인을 위한 나눔/127

요양병원 어르신들과 정을 나누다/129

▲ 독거노인들을 위한 쌀 나누기

▲ 아파트 음악회 포스터

아파트 단지 음악회/130

군 장병들을 위한 음악회/131

경비원·미화 아주머니들과 지인들에게 나눔/132

고라니에게도 재능기부/134

▲ 안양교도소에서 재소자들과

▲ 생명의 전화 자살예방 홍보대사 위촉

▲ 9년째 봉사하고 있는 요양병원에서

▲ 안양교도소 재능기부 봉사

안양시 사회봉사상 수상 /135

▲ 동편마을 아파트 음악회

▲ 국군 장병들을 위한 음악회

▲ 고라니에게도 재능 기부

# '상남자야' 가수 이제윤 씨 안양시민표창 수상

본업은 중견기업의 인사총무팀장, 3년 전 마흔의 나이에 '상남자야'로 가수 데뷔
8년째 매년 MC 및 가수로 소외계층 위한 재능기부 참여

펼치고 있는 어엿한 트로트 가수다.
직장생활과 가수, MC 생활 틈틈이 사랑을 실천하고 있는 그는 아직은 무명가수이지만 스스로를 '인기예정가수'로 부르고 있다.
그는 한국생명의 전화 생명사랑 밤길걷기 MC 및 가수로 매년 재능기부 참여하고 있다. 지난해 겨울에는 안양교도소 재소자들을 위한 위문공연에 참여했으며, 노인요양병원 봉사활동을 8년째 계속하고 있다. 또한 지역의 소외된 아이들을 위한 음악회 개최는 물론, 독거노인들에게 사랑의 쌀나누기, 불우이웃돕기 등 다양한 곳에서 사랑을 실천하고 있다.
"꿈꾸는 사람에게 지루한 삶이란 없다"고 말하는 그는 "할 수 있다는 긍정적 마인드가 나의 인생을 바꿀 수 있다고 믿는다"면서 "지금은 어렵고 힘들더라도 꿈을 가지고 그것을 실천하기 위해 노력한다면 언젠가는 꼭 꿈을 이룰 수 있다"고 말했다.
이제윤씨는 바쁜 속에서도 과천에서 400여평 농사를 지으면서 땀의 소중함을 깨닫고 있으며, 땀으로 일군 농작물을 주변사람들과 나누고 있다.
삭막하고 힘든 요즘 세상에 도전정신과 열정으로 진정한 사랑을 실천하고 있는 그가 본인의 노래 제목처럼 진정 이시대의 '상남자'가 아닌가 싶다.

김경화 기자

"저의 작은 재능이 누군가에게 꿈과 즐거움을 줄 수 있다면 그보다 더 값진 일이 있겠습니까. 앞으로도 많은 사람들에게 작은 등불이 되도록 노력하겠습니다."
동안구 동편마을의 '상남자야' 가수 이제윤 씨가 6월 1일 오전 10시 안양시청에서 열린 '안양시민표창' 시상식에서 사회봉사상을 수상했다.
가수 이제윤 씨는 수년 전부터 사회적 관심이 필요한 어려운 이웃과 소외된 이들을 두루 찾아다니며 재능기부를 해왔다.
이필운 안양시장은 이날 시상식에서 "여러분들의 수고와 재능기부가 이 사회를 밝게 만들고 또한 안양의 발전을 이끈다"며 거듭 감사의 인사를 전했다.
가수 이제윤 씨의 원래 직업은 회사원이다. 그는 한 중견기업에 신입사원으로 입사해 현재 15년째 근무하고 있으며, 현재 인사총무팀장을 맡고 있다.
하지만 그는 어린시절 꿈을 포기하지 않고 3년 전 마흔의 나이에 타이틀곡 '상남자야'로 데뷔해 활발한 활동을

▲ 안양시민표창 수상 신문기사

## 일곱째 마당
## 나도 셰프다

자취생활 10년의 베테랑 셰프/138

요리가 재미있다/139

아내에게 요리를 전수하다/140

▲ 셰프의 깍두기 신공

▲ 김장하는 셰프

# 여덟째 마당
## 작은 행복과 더불어 꿈꾸는 세상

처음 번 돈으로 산 워크맨/144

중학교 학생회장이 되다/145

군종병이 되다/147

내 차가 생기다/150

수기 공모전에 당선되다/150

처음 밟은 미국 땅/151

목수가 되다/153

▲ 수기공모전에 입상하다

▲ 뉴욕 엠파이어스테이트 빌딩에서

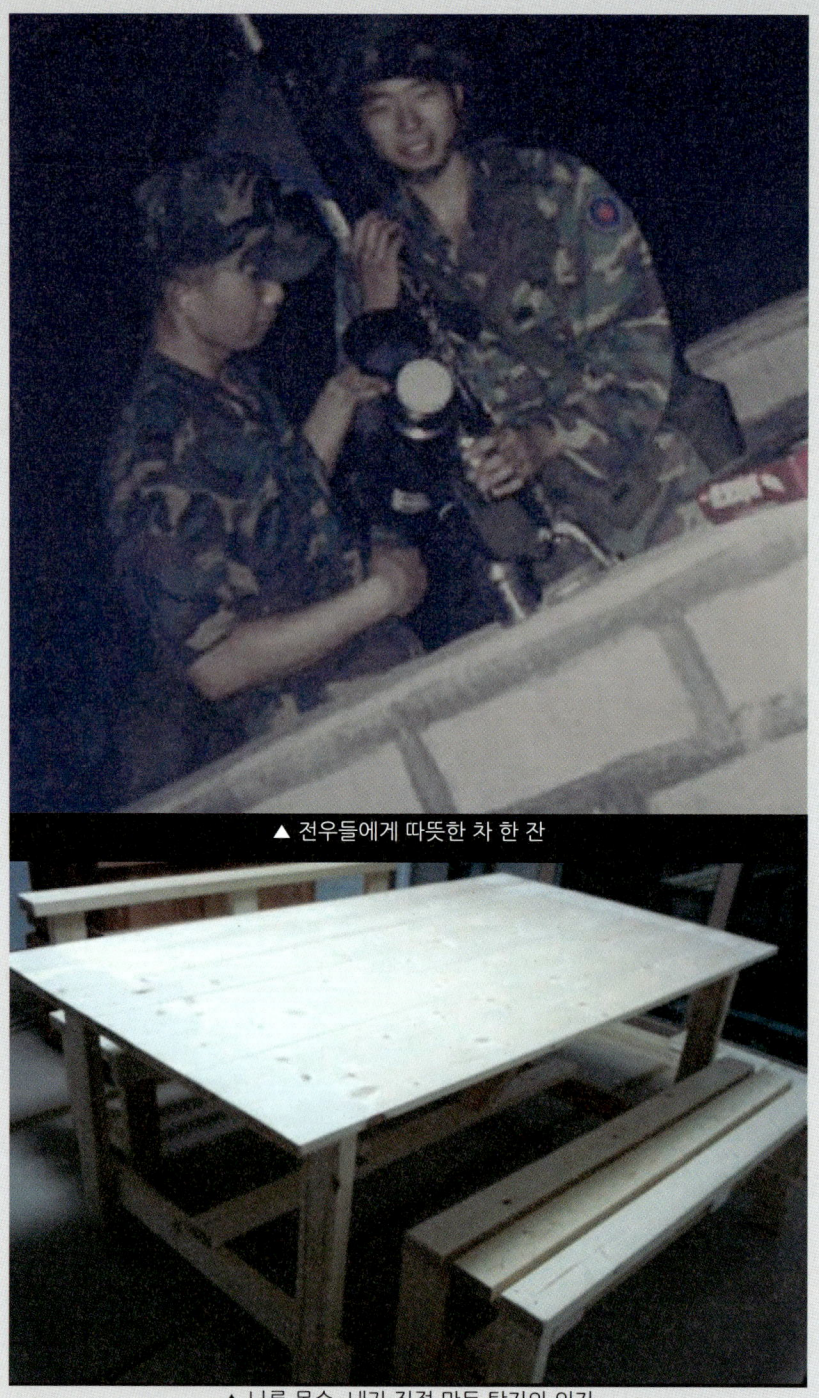

▲ 전우들에게 따뜻한 차 한 잔

▲ 나름 목수. 내가 직접 만든 탁자와 의자

교사의 꿈을 이루다/154
작가의 꿈과 저서/155
'금강다이아몬즈'에서 이룬 야구선수의 꿈/156
"나도 기자요"/159

▲ 연사로 초대되어 특강을 하다

▲ 야구선수 이제윤

## 아홉째 마당
### 아직 못다 이룬 꿈

아직 끝나지 않은 나의 꿈, 아버지/162
형제들과 해외여행을 꿈꾸다/163
지금도 학업 중/164
인정받는 회사원의 길은?/166
단독 콘서트와 DJ의 꿈/167
내 집을 직접 짓는 목수/168
<상남자야>가 전국에 울려 퍼지기를 꿈꾸다/170

▲ 상남자야가 전국으로

▲ 여행 중

## 열째 마당
### 꿈에 도전하는 사람들과 나누고 싶은 이야기

꿈을 포기하는 것은 인생을 포기하는 것이다/172
현실을 비관하지 말자 /173
열정과 성실은 기본이다/174
주말과 휴일을 이용하자/175
적금은 무조건 가입하자/177
하지 않고 후회할 바에야 하고 후회하자/178
호프맨이 되지 말고 두맨이 되자/179
오늘 지금부터 당장 시작하자/180
부모님에게 효도하자/181
인생의 멘토를 만들자/182
나눔의 기회를 가지자 /183
사람을 대할 땐 진심으로 다가가자/184
믿음을 심어주자/186
우연을 필연으로/187
가끔은 돌아가자/188
긍정적 생각과 말이 긍정적 삶의 원천이다/189
신앙을 가져보자 /191
이왕이면 내가 운영하는 회사/191
젊어서 고생은 사서도 한다/192
연결통로가 되자/194

▲ 뮤지컬배우 이충주, 정단영 결혼식에 보낸 화환

## 바깥마당
## 내가 만난 이제윤

대가 없이 필요한 사람에게 나누어주는 지혜/198
**이태수(서울 중앙지방법원 부장판사)**

선택의 기로에서 고민하는 분들게/198
**조종래(부산지방중소벤처기업청장)**

주위를 기쁘게 하는 부지런함과 넉넉함/199
**조주태(법무법인(유한)동인 변호사, 전 대검 중수부 검사, 전 대검 공안2.3과장, 전 서울중앙지검 형사3부장, 전 대구서부지청장)**

지역사회 재능기부를 확산시키는 시작점/200
**"이필운(전, 안양시장)"**

희망 없이, 목표 없이 살아가는 인생의 지침서/201
**"백경현(전,구리시장)"**

진정 그가 '상남자'인 이유/201
**윤수영(KBS 아나운서)**

신바람 일으키고 웃음폭탄 선사하는 사나이/202
**김강석(SBS 국장급 선임기자)**

많이 아파하는 분들에게 작은 위로가 되기를/202
**최기록( KBS 2TV "다큐멘터리 3일" 팀장 프로듀서)**

유행을 한 발짝 앞서간 욜로족/203
**박용훈(KBS 라디오 프로듀서)**

파이브잡스 이제윤 님처럼 꿈을 펼쳐 보세여!/204
**변기수(KBS 공채 개그맨, KBS 개그콘서트 등)**

누군가에게 필요한 사람으로 살아가기 위해 노력하는 사람/204
허동환(KBS 공채 개그맨, KBS 개그콘서트 등)

중장년층 분들이여, 소중한 나만의 꿈을 찾아 이루시길/205
정철규(블랑카, KBS 공채 개그맨, KBS 개그콘서트 등)

미래는 꿈꾸면서부터 시작될 것/205
김정욱(탤런트)

자신의 꿈을 향해 거침없이 전진하는 모습/206
이충주(뮤지컬 배우, 뮤지컬 브로드웨이 42번가 주인
공 외 다수, JTBC 팬텀싱어2 에델라인클랑 멤버)

'워라벨(Work and Life Balance)'의 조화로움도 즐기며/206
이상인(『할빠의 육아일기』 저자, 전 부산지방국세청)

잃었던 꿈과 희망과 열정을 되찾기를 기대하며/208
백형선(연세백치과 원장, 현 연세대 치과대학 명예교수, 현 미국교정학
회 국제회원, 전 연세대 치과병원 병원장, 전 대한치과교정학회 회장)

긍정적인 삶과 인생의 이야기 큰 기대/208
김홍식(한서대 예술학부 교수, 전 예술의전당 음악예술 감독)

'열심히'라는 것이 무엇인지 증거하면서 살아가는 실체/209
남택정(부경대학교 식품영양학과 교수)

고맙고도 자랑스러운 제자/210
허은경(전 모서중학교 담임교사, 현 경북기계금속고교 교사)

땀의 흔적과 사랑의 자취를 볼 수 있다/211
박경일(전 부산고등학교 담임교사, 현 부산과학고등학교 교사)

20년 전 군대에서도 그는 긍정의 아이콘/212
박기영(현 안양성결대학교 상담학교수/ 전 2사단 군종참모)

'만능 재주꾼' '이웃집 형님 또는 오빠' 'TV 인간극장'/213
황종연(NH농협은행 남서초지점장)

꿈꾸고 도전할 수 있는 특권/214
권순호(부산은행 부부장)

노력하는 분들에게 소중한 경험의 공유 통로가 되기를/214
최재호(SC제일은행 평촌지점장)

순간순간 최선을 다하며 끊임없이 도전하는 삶/215
최용혁((주) 라이트홀딩스 회장, (주) 다솜케어 대표이사, 부산고 청빛회 회장)

진정한 refresh의 장인/215
김은수(온 사랑의 교회 담임목사, 전 사랑의 교회 목사)

<상남자야>를 노래하면서 상남자로 살아가는 이제윤!/216
김순원(구리 예인교회 담임목사)

한 알의 밀알 같은 삶/217
장명철(사랑의 교회 목사)

대한민국에서 가장 열심히 살며 더 푸른빛을 내는 사람/218
정원배(금강공업(주) 베트남법인 관리팀장, 이제윤 회사 첫 사수)

열정의 삶을 자신의 삶으로써 보여주는 사람/219
윤기찬(자유한국당 부대변인, 법무법인 우송 대표변호사)

에필로그/218

▲ 어머니 앞에서

**첫째 마당**

# 이제윤의 히스토리, 뜻을 세우다

## 7남2녀의 막내

1975년 한여름 더위가 시작되던 7월 어느 날.
경상북도 상주군(현재의 상주시) 모서면 대포2리, 시골 마을에서 한 아이가 태어난다. 그게 바로 나다.
말을 알아들을 나이가 되고 철이 들 무렵, 나는 나의 가족사항에 깜짝 놀랄 수밖에 없었다. 무척 고생하는 주인공이 나중에 알고 보니 부잣집 아들이더라는 드라마 같은 출생의 비밀 때문이 아니다.
나의 경우는 드라마 같은 출생의 비밀과는 완전히 다른 내용이다. 일단 가족들이 많다는 사실이 요즘과 비교하면 깜짝 놀랄 수밖에 없다. 7남2녀. 형제자매로 야구단 한 팀을 꾸릴 수 있는 숫자였고 내가 그 7남2녀의 막내였다.
더욱 놀라운 사실은 큰형님과 내가 자그마치 24살 차이나는 두 벌 띠 동갑이라는 것이다. 토끼띠가 두 번을 돌아 다시 토끼띠. 당시 내 또래들의 형제자매가 대개는 2명, 많아 봐야 4명인 것을 감안하면 엄청난 다산의 가족이었다.
내가 태어났을 당시 아버지는 50세, 어머니는 43세였으니 두 분이 금슬도 참 좋으셨던 듯하다. 출산율이 걱정이라는 지금 시대였다면 애국자로 칭송받기에 충분했을 것이다.
그리고 이거야말로 출생의 비밀이라고 할 만한 이야기인데, 내가 이 세상에 태어나지 못할 수도 있었다는 사실이다.
이미 6남2녀를 두고 있었으니 부모님조차 내가 태어나는 것에 부담을 느끼셨다고 한다. 그래서 임신 사실을 알고 시내의 어느 병원에 가서 나를 지우려고 하셨는데 당시 의술로는 위험할 수도 있어서 그냥 딸이나 놓자는 심사로 나를 놓으셨다는 이야기를 나중에야 들었다.

물론 부모님이 직접 나에게 말씀해주신 이야긴데, 아홉 번째로 또 아들이 태어나자 할머니도 놀라셨다고 한다.

## 자랑스러운 늦둥이 막내아들

자칫 태어나지 못할 뻔했던 늦둥이 막내아들이지만, 그래도 나는 부모님에게 늘 자랑스러운 늦둥이 막내아들이었다.

비록 시골학교지만 공부도 곧잘 했기 때문에 학교에서 주기적으로 타온 우등상 같은 상장으로 부모님을 기쁘게 해드렸다.

손재주도 좋았다. 초등학교 시절에 벌써 홀로 계시는 동네 할머니 댁의 간단한 전기 수리는 내가 다 해결해 드렸다. 어떤 때는 TV도 고쳐 드렸다. 그래서 동네 어르신들은 전기나 TV가 고장 나면 먼저 나를 찾으시곤 했다. 손재주 좋은 형님들이 이것저것 수리하는 것을 어깨 너머로 배운 솜씨였는데, 초등학생이 전기를 고쳐 드리니 동네 어르신들 눈에는 거의 신동(?) 수준으로 비쳐졌던 것 같다. 그리고 그 몫으로 받은 과자 한두 봉지는 쏠쏠한 덤이었다.

그리고 어릴 때부터 무엇보다 인사성 하나는 똑 부러졌다.

어머니께서 늘 하시던 말씀이 "어른들 만나면 인사 잘해라."고 당부하셨기 때문에 나는 동네 어르신들을 하루에 열 번 만나도 열 번씩 깍듯하게 인사를 했다. 무엇보다도 나는 "그 집 아들래미 인사성 참 바르다." 하시면 부모님께서 흐뭇해하시던 모습에 신이 났던 모양이다.

부모님께서 시장에 가실 때도 자주 나를 데리고 다니셨는데 내가 초등학교 들어갈 무렵에 아버지는 거의 환갑을 바라보던 나이였던 만큼 "손자 데리고 왔냐?"는 질문을 정말 많이 받았던 것으로 기억한다. 하지만 당당히 막내아들이라 소개하시던 아버지의 모습이 눈에 선하다.

### 다산가족의 비화

이제야 털어놓는 이야기지만, 학교 다닐 때는 형제자매가 많다는 사실이 솔직히 부끄러웠다. 그런데 이런 마음은 나뿐만 아니라 우리 형제들 모두가 그랬다고 한다.

특히 초등학교와 중학교 시절의 가족사항을 적는 생활기록부에는 늘 위의 형님이나 누나들은 없는 존재였다. 그래서 밑에 형님들부터 순서대로 칸을 채웠고 친구들이 물어볼라치면 대충 얼버무렸던 적이 한두 번이 아니었다. 칸이 모자라서 다 기재할 수가 없었던 데 대해 도리어 감사했던 기억마저 있다.

형님들은 결혼을 앞두고 데이트를 할 때 형수들에게도 가족사항을 줄여서 이야기했다는 사례도 있다. 당시 부산에 살던 둘째 형님이 형수를 집에 소개시키러 왔을 때가 그런 경우다. 부산에서 데이트할 때 형제라고는 부산에 살던 누나와 형님밖엔 없다고 했는데, 결혼을 앞두고 시골에 인사를 하러 와서 시골의 동생들은 어떻게 설명하셨을까?

시골에 도착해서 형수님이 물었다고 한다.
"아랫방에 아이들이 여럿 있던데 쟤들은 누구예요?"
"동네 아이들이 가끔 저기 와서 놀다갑니다."
형님이 이렇게 둘러댔다니 지금 들으면 황당하고 어이없고 우스운 이야기지만 그래도 두 분은 금슬 좋게 지금껏 잘 살고 계신다.

넷째 형님은 당시 군대에 가서 눈에 보이지 않았던 형님과 시골에 살던 형님을 속였다고 한다. 형제자매가 많다는 것이 감추고 싶을 만큼 정말 부끄러운 사실은 아닐지라도 철없던 학창시절이나 젊은 시절에는 7남2녀에 대해 구구절절 설명하기가 만만치는 않았을 성 싶다. 그래도 나는 처음부터 이실직고(以實直告)를 하고 결혼했다.

하지만 지금은 아니다. 형제자매가 많은 것이 지금은 큰 자랑이다. 큰형님과의 24살 나이 차이는 어린 시절만 해도 극복하기 힘든 정도 여서 큰형님이 부산에서 오랜만에 시골로 오실 때면 속마음은 좋으면서도 늘 숨어 다녔다. 하지만 지금은 가장 친한 사이가 되었다.

특히 가족이 많다는 사실이 큰일을 치를 때는 정말 서로에게 큰 의지가 된다.

## 아버지의 긴 한숨과 어머니의 눈물

시골에서 농사를 짓는 농사꾼 집안에 자식들이 많다보니 당연히 가정형편이 넉넉하지 못했다. 다행히 큰형님이 10대의 어린 나이에 혈혈단신 부산으로 내려가 고생고생 끝에 양복점으로 성공을 하셨다. 큰형님의 고생은 이루 말할 수 없었다고 한다. 이후 작은 봉제공장 사장까지 지내셨기에 그나마 우리 가족은 의지할 곳이 생겨 공부도 할 수 있었다.

그런데 아버지는 주무실 때마다 늘 한숨을 쉬셨다.

정확한 금액은 기억나지 않는데 농협에서 대출받은 돈을 갚지 못해 한숨으로 나날을 보내셨다. 결국은 큰형님이 모두 갚아 드린 것으로 기억한다. 당연히 자식에게 짐을 지우기 싫으셨던 것 같은데 다행히 그날 이후로 아버지의 한숨은 끝을 맺었다.

내가 태어나기 한참 전에는 아버지가 숯장사를 하셔서 돈을 많이 버셨다고 한다. 재산도 꽤 많았다고 들었다. 하지만 할아버지가 노름을 하시는 바람에 재산을 다 날리셨다는 것이다.

그래서 내가 태어나고는 제대로 된 우리 땅이란 없었다. 그저 남의 땅이나 집안의 땅을 빌려 소작하는 정도였다.

그러다가 어느 날인가 지주에게서 다음해부터는 농사를 짓지 말라는 청천벽력 같은 소식을 통보받았다. 농사짓는 사람이 땅이 없어지니 어머니는 그 자리에서 울기 시작하셨다. 서러움이 복받친 눈물이었다.

아버지는 또 한숨을 쉬시기 시작했다.

농사꾼이 땅이 없으면 어떻게 살라는 말인가?

그렇게 서러움이 쌓일 무렵 다행히 이번에도 형님과 누나가 돈을 모아 땅을 사주셨다. 그것도 동네에서 가장 좋은 자리에…….

아버지 어머니께서 좋아하시던 모습과 하루에도 몇 번씩 그 땅을 보러 가시던 모습이 아직도 눈에 선하다.

### 잉꼬부부 부모님과 세상 떠나신 아버지

어린 시절에 아버지와 어머니가 싸우는 것을 딱 한 번 보았다. 비록 가난했지만 두 분 사이는 잉꼬부부셨다. 물론 어머니가 잔소리를 하셔도 아버지가 모두 지고 받아들이시는 편이라 부부간의 평화는 오래 갔던 듯하다.

우리 집은 나무를 때서 난방을 하는 말 그대로 시골집이었다. 그러기에 아버지는 늘 땔감 나무를 하러 산으로 가셨다. 나는 아버지를 따라다니는 것이 어찌나 좋던지 어린 시절에 늘 아버지 따라 산에 나무하러 갔던 기억이 난다.

추운 겨울 지게에 나무를 한 짐 해오시면 어머니는 아버지를 위하여 가마솥에다 불을 지핀 다음 찌그러진 양은 주전자에 막걸리를 따뜻하게 데워서 주셨다. 아버지는 그 막걸리 한 잔으로 세상을 다 얻은 듯 좋아하셨고…….

그렇다. 아버지는 막걸리를 참 좋아하셨다. 그러고 보니 초등학교 1~2학년 때 가끔 어머니 심부름으로 동네 구판장에 주전자를 들고 가서 막걸리를 사올 때면 무슨 맛일까 싶어 홀짝홀짝 마신 적도 있었다.

그리고 어머니는 효부셨다고 한다. 당시 동네 이장님께서 효부(孝婦)상을 주고 싶어 할 정도로 할머니에게 잘하셨다고 한다. 할머니 돌아가시는 그날까지 대소변 다 받아내면서도 싫은 내색 한 번 하시지 않던 그런 어머니 모습이 아직도 눈에 선하다.

아무튼 그런 잉꼬부부의 모습은 아버지께서 세상을 떠나신 후로는 다시 볼 수 없는 풍경이 되어 버렸다.

배운 것 없고 가진 것 없으니 아버지는 정말 많은 고생을 하셨다. 고생을 너무 많이 하셔서인지 병이 일찍 찾아왔다.

형님, 누나들도 하나둘 터를 잡고 있던 터라 이제는 자식들에게 호강 받으면서 살 수 있으신데 아버지는 우리를 기다려 주지 않으셨다. 4년 넘게 어머니께서 지극정성으로 병수발을 하셨지만 예순여덟의 연세로 우리 곁을 떠나셨다.

그때 내 나이 열여덟 살이었다.

아버지께서는 그토록 당신이 가지고 싶어 하셨던 그 땅에 묻히셨다. 뭐가 그리 급하셨는지……. 마지막 눈감으시는 것조차도 자식들 고생할까 걱정되셨던지 섣달 그믐날, 설날이라고 시골에 형제들이 모이는 그날 우리를 떠나셨다.

아버지께서 돌아가셨다는 소식을 전하던 어머니의 떨리던 목소리가 아직도 기억에 생생하다. 아버지와의 기억들도 주마등처럼 지나갔다.

한 달에 한 번 정도 초등학생인 내가 가위로 아버지 수염을 깎아드리던 생각도 떠올랐다. 고생으로 인해 아주 억세진 아버지의 손톱이며 발톱이며 깎아드렸던 기억도 떠올랐다.

가끔 막걸리를 드시고 술에 취해서 비틀비틀하셨던 모습도 기억이 났다. 그리고 그 술 냄새 가득한 가슴으로 나를 안으셨던 일도 떠올랐다.

집에서 기르던 소의 뿔에 받혀서 피를 흘리시던 모습, 늘 논밭에서 일하시던 모습……등등 모든 것이 슬프게 지나갔다.

### 이제윤이라는 이름 석 자

조금 부끄러운 이야기지만 사실 내 이름이 왜 '이제윤'이 되었는지는 아무도 모른다. 더 자세히 이야기하면 우리 집의 6형제 돌림자(항렬, 行列)로 모두 '있을 재(在)'자를 사용하고 있는데, 나만 '제(齊)자'를 사용하고 있는 것이다. 물론 큰형님의 경우는 이름이 '이흥수'인데 아주 어린 시절에 개명(改名)을 했던 것으로 알고 있다.

다른 형님들이 모두 '재(在)자' 항렬인데, 왜 나만 '제(齊)자'일까?

그 비밀은 이름을 지어주신 아버지께서 일찍 돌아가셨기 때문에 더 이상 알 수도 없다. 초등학교 시절까지만 해도 선생님들조차 내 이름이 '재(在)'인지 '제(齊)'인지 헷갈리셔서 학교에서 받는 상장에도 어떤 때는 '재'자로, 어떤 때는 '제'자로 표기가 되곤 했다.

우리 시골 동네가 경주이씨의 집성촌이라 나의 대(代)는 항렬이 모두 '있을 재(在)'자가 들어가는 이름을 가지고 있다. 그런데 왜 나만 '제(齊)'자가 들어간 이름일까?

이제 와서 예측해 보건대 내가 우리 집 늦둥이고 막내다 보니 아버지께서 내 이름을 더욱 잘 짓기 위해 나만 '제'자를 사용하셨거나, 당시는 출생신고를 할 때 이름을 잘못 등재하는 오류가 잦았다고 하니 면서기(면사무소 직원)가 잘못 올렸거나 둘 중의 하나가 아닐까 싶다.

아무튼 신기하게도 우리 집의 많은 형제들 중에서 나만 '제'자 이름이다. 하지만 나는 '이제윤'이라는 더 좋다. 물론 사람들에게 이야기할 때는 꼭 바깥 '재'가 아니라 안 '제'라고 이야기하거나 '아이' '재'가 아니라 '어이' '제' 또는 제비 '제'라고 강조해야만 하는 해프닝과 수고를 겪고는 있지만^^.

## "뻥"이요

설날이 다가올 무렵이면 우리 집은 한동안 뻥튀기 소리로 요란했다. 우리 집이 뻥튀기 소리의 중심지가 된 데는 사연이 있다.

상설시장이 없는 시골이다 보니 산을 두 개나 넘어가는 '산 너머 동네'에 살고 있는 아저씨가 해마다 설날 직전에 뻥튀기 기계를 어깨에 메고 우리 동네로 찾아왔다. 시골동네 치고는 우리 동네가 꽤나 큰 편이었기 때문에 한 번 뻥튀기 기계를 가지고 오면 일주일은 머물렀다.

해마다 뻥튀기 기계를 차리던 곳은 동네 한가운데에 있는 느티나무 밑이었다. 어느 핸가는 함박눈이 오는데 눈을 다 맞아가며 뻥튀기를 하는 모습이 너무 안타까워 할머니께서 "눈 맞고 하지 말고 우리 집 처마 밑에 와서 하라."는 말씀을 하셨다고 한다.

그 이후로는 매년 그맘때쯤이면 뻥튀기가 아예 우리 집에 터를 잡았다고 한다. 실제로는 함박눈 내리던 그 해만 그렇게 하라고 하셨을 텐데, 해마다 뻥튀기 아저씨가 당연한 듯이 찾아오다 보니 오는 손님을 오지 못하게 할 수도 없고 해서 그냥 기분 좋게 허락하셨을 것이다.

그래서 그 일주일 동안 우리 집 마당은 동네 아이들의 놀이터가 된 것은 말할 것도 없고, 동네 아주머니들이 수다를 떠는 모임장소가 되곤 했다.

아버지 돌아가시기 직전까지 10여 년 넘게 우리 집은 설 대목의 뻥튀기 장소였다. 그래도 인상 한 번 안 쓰고 마당을 내주기가 쉽지만은 않았을 텐데 그런 부모님의 모습과 인품을 보고 배운 자식이라 지금의 나도 작게나마 닮아가나 보다.

## 유아원 수석 졸업

요즘이야 시골에서도 어린이집이나 유치원 가는 것이 당연하게 여겨지고 있지만 내가 어렸을 때 우리 동네에서 어린이집이나 유치원이라는 단어는 너무 생소했다.

그나마 우리 동네는 아이들이 많아서 동네에서 자체 유아원이라는 것을 운영했다. 농촌에서 가장 바쁘다고 할 수 있는 모심기가 끝나는 시점까지인 농번기동안 동네 아이들을 한 분이 맡아 돌보아주시는 것이다. 이제 생각해보면 전문적인 선생님은 아니었던 것 같고 동네 젊은 누나가 유치원처럼 노래와 율동도 가르쳐 주고 공부도 가르쳐 주었던 것 같다.

아침마다 그런 유아원에 가는 일이 제일 좋았다. 특히 노래 부를 때 가장 신이 났다. 게다가 간식까지 나눠주니 금상첨화였다. 우리는 그 누나를 '선생님!' '선생님!' 하면서 잘 따랐다. 나는 그 유아원이 1년 내내 운영되는 줄 알고 어느 날 아침에도 여느 때와 다름없이 등교했더니 아무도 없어 당황스러웠다.

이제 유아원을 운영하지 않는다는 그 누나의 이야기에 너무도 큰 아쉬움이 몰려왔던 기억이 있다.

## 아빠하고 나하고 만든 꽃밭에 채송화도 봉숭아도 한창입니다

나는 어린 시절부터 꽃을 무척이나 좋아했다.

어머니께서 꽃을 좋아하셔서 우리 집 마당의 절반은 화단이었다. 나도 그 피를 이어받아서 그런지 모르겠지만 기억하기도 어려운, 아주 어린 시절부터 화단에 꽃을 심는 것을 좋아했다. 봄이 되면 혼자서 호미를 들고 꽃씨를 뿌리고 그렇게 자란 모종을 화단에 옮겨심기를 좋아했다. 그래서 늘 봄을 기다렸던 기억도 있다.

그리고 꽃이 지면 내년을 위해 꼭 꽃씨를 모아 보관하였다. 지금이야 어느 꽃이든지 쉽게 구할 수 있었지만 그때만 해도 꽃씨를 구하기가 쉽지 않았다.

나는 초등학교 저학년의 그 나이 대에 비해 꽃의 이름도 꽤 많이 알고 있었다. 채송화, 봉숭아, 나팔꽃, 사루비아, 맨드라미, 자주달개비, 개나리, 글라디올러스 등등 우리 집은 늘 꽃으로 가득했다.

그때부터 모든 장르의 음악에 대해서도 조예가 깊었던 모양이다. 초등학교 입학하면서 담임 선생님께서 아리랑 민요를 아는 사람 손을 들라고 했다. 나는 당연히 다른 친구들도 아는 줄 알고 손을 번쩍 들었는데 나 혼자만 손을 들었던 것이다. 그러다 보니 아리랑을 친구들 앞에서 불렀고, 민요 <풍년가>도 불렀다. 박수를 받다 보니 어깨가 으쓱하기도 했다.

## 내 귀는 박 대통령 귀

"임금님 귀는 당나귀 귀"라는 동화가 있듯이 어렸을 때부터 동네 할아버지나 어르신들에게 귀에 딱지가 앉도록 들은 이야기가 있다. 동네의 많은 어른들이 나를 볼 때마다 귀에 대해서 말씀을 하셨던 것이다.

바로 내 귀가 박정희 대통령(정치적 논쟁은 사양합니다)의 귀를 닮았다고 했다. 75년생인내가 태어났을 당시 박정희 대통령이 우리나라 대통령이었기에 난 싫지가 않았다. 그리고 내 귀를 보는 분들마다 "자라서 큰 인물이 될 것 같다."는 말씀을 자주 하셨다.

어떤 식당에 들어갔을 때는 그 식당 주인이 나를 보더니 난 말도 안 걸었는데 "나중에 선거 나오면 꼭 한 표 찍어주겠다."라는 말까지 들었기에 기분이 좋았다.

그런데 외모에 대해 눈을 뜨기 시작하면서 난 내 귀가 맘에 안 들었다. 다른 친구들과는 달리 나는 일명 바가지 귀라 얼굴에서 귀가 너무 돋보였던 것이다. 그래서 '내 귀는 왜 이러냐?'고 어머니께 반문한 적도 있었다. 그리고 손으로 귀를 뒤로 젖힐 때도 많았었다.

어떤 때는 본드로 붙여버릴까 하고 생각했던 적도 있다. 우스갯소리지만 의술이 얼른 발달되어 귀를 뒤로 젖히는 성형이 가능한 시기가 왔으면 좋겠다고 생각한 적도 있었다.

아직도 그 바가지 귀는 여전하지만 이런 바가지 귀가 나는 이제 좋다. 비록 외모가 잘 생기지는 않았지만 그 귀로 인해 좋은 인상을 풍길 수 있다는 것만으로도 나는 감사하다. 잠시 철없던 기억이 이젠 부끄럽게 여겨진다.

## 아스라이 한 겨레가 오천 재를 밴 꿈이

초등학교와 중학교 시절에 공부를 못 하진 않았다.
그래서 5번 형님이 "고등학교는 큰 도시로 진학하는 것이 아무래도 좋은 대학에 가는 데 유리할 것 같다."고 권하셨다. 형제들이 많다 보니 가끔 번호를 붙여 형님들을 부르기도 했는데, 5번 형님의 말씀에 내가 마다할 까닭은 없었다.
1번부터 6번 형님과 누님 두 분은 모두 부산에서 터를 잡고 있었기 때문에 큰 도시라면 당연히 부산이었다. 나는 5번 형님의 권유와 바람대로 부산에서 고등학교 진학을 했다.
부산 유학은 내 인생에서 하나의 전기가 되었다고 할 수 있겠는데, 부산고등학교로 진학한 것도 운이 좋았다고 해야 할지 참으로 신통하고 신기한 일이었다. 역사와 전통을 자랑하는 부산고등학교는 한강 이남에서 최고의 명문으로 손꼽히는 학교였기 때문이다.
나는 완전 기분이 좋았다. 비록 공부를 그런 대로 했다고는 해도 시골에서 대도시 부산으로 가자마자 명문(名門) 부산고등학교로 들어갈 수 있었다니 그야말로 언감생심(焉敢生心)이었다.
교가(校歌)부터 최고였다.
윤이상 작곡, 유치환 작사의 부산고등학교 교가를 불러보고 나서 나는 그저 자랑스러웠다. 고등학교에 진학한 다음 치른 첫 시험도 만족스러웠다. 시골에서 올라온 것 치고 괜찮은 성적이 나왔기 때문이다. 담임 선생님께서도 흡족해 하셨다. 열심히만 하면 5번 형님을 비롯한 형님들의 바람처럼 될 것이라 생각했다.

하지만 그건 내 맘대로 잘 되지 않았다. 첫 시험 이후, 공부보다는 친구들과 노는 데 더 관심을 가지고 열정을 쏟았기 때문이다. 교내 합창부에서의 서클활동이 재미있었고 새로 사귄 친구들과 시내로 쏘다니며 노는 것이 너무 좋았다.

그렇다고 나쁜 짓을 하거나 말썽을 부리지는 않았다. 그저 공부만 형님들의 기대에 못 미쳤을 뿐이다. 사춘기여서 그랬겠지만 좀 더 열심히 했더라면 좋았을 거라고 가끔 생각도 해보지만 지금 와서 그렇다고 후회는 없다.


### 합창부에 들어가다

교가의 노래 말이며 곡이 너무나 멋져서 자랑스럽게 생각하던 나는 2학년 때 합창부로 들어갔다. 학교에서 장려하는 정식 동호회였던 합창부에는 1학년 때부터 들어가고 싶은 생각이 있었으나 기회를 놓친 상태였다.

그런데 음악 선생님께서 1학년 말에 실기시험을 보신 다음 나에게 합창부에 들어오라고 직접 제의를 해주셨다. 그래서 얼른 입단을 했다. 우리 합창부에서는 점심시간마다 연습을 했다. 다른 친구들보다 빨리 점심을 먹고 합창 연습실로 달려가곤 했다.

공연이 있을 때는 방과 후에도 남아서 연습하곤 했다. 나에게 있어서 합창은 새로운 활력소였다. 부산시민회관이나 부산문화회관에서 공연을 했고, 학예제(學藝祭)가 열릴 때마다 합창공연은 학교 실내체

육관으로 사람들을 불러 모았다. 특히 학예제에서의 단독 공연을 위해 정말 열심히 연습을 했고 한 공연 한 공연을 위해 최선을 다했다. 그렇게 온 힘을 쏟은 후에는 늘 기쁨과 아쉬움이 교차하였다.

이런 에피소드도 떠오른다.

음악 선생님께서 합창부의 몇몇 부원들을 뽑아 중창 팀을 새로 구성하여 부산시 관내고등학교 중창대회에 참여한 적이 있었다. 물론 나도 뽑혔다. 우리는 나름대로 열심히 연습을 했고 또한 어디서 나온 자신감인지는 모르겠지만 상을 탈 자신도 있었다.

우리 순서가 다섯 번째인가 그랬다. 앞의 순서로 공연하는 학교들의 실력을 우리끼리 평가해 보기도 했다. 드디어 우리 순서가 되었다. 10명의 친구들이 무대에 서 있었고 나는 4번째에 서 있었는데 사회를 보던 아나운서가 가장 왼쪽 친구부터 질문을 하기 시작했다.

나는 막상 무대에 서니까 아무 생각도 나지 않았다. 그래서 멍하니 서 있었고 설마 4번째인 나한테까지 질문을 하리라고는 생각지도 못했다. 그런데 나의 예상은 완전히 빗나가서 나에게까지 아나운서의 질문이 들어왔다.

"자, 부르실 곡목(曲目)이 어떻게 되시죠?"

아무런 생각도 없이 서 있던 나는 얼음이 되었고 갑작스런 질문에 우리가 부를 곡목조차 생각이 나지 않았다.

'아 어떡하지? 어떡하지?'

옆 친구에게 나지막한 소리로 물었더니 옆 친구도 모른단다. 웃어야 할지 울어야 할지······. 결국 대답도 하지 못하고 우물쭈물하다가 우리 노래를 시작했다. 결국 중창대회가 끝난 후의 수상자 명단에서 우리 학교의 이름은 찾을 수 없었다.

## 나의 또 다른 이름 '대발이'

누구나 별명 하나쯤은 있을 것이다.

학교 시절에 별명을 짓는 것을 보면 대부분 외모나 이름에 관련된 별명이 많았다. 하지만 내 별명 '대발이', '대발보쓰', '대바리'는 순전히 나로 인해 생긴 별명이다.

교회를 처음 나갔던 고등학교 시절, 새로 온 나를 '새 가족'이라며 소개를 시켰다. 자신을 소개하라고 하기에 "안녕하세요. 최민수입니다."라고 했다. 그때 당시 <일요일 일요일 밤에>라는 코너 중에 가수 홍서범 선배님께서 "경제를 살리자는데……." "나, 앙드레 홍이야." 했던 말이 유행했다. 그래서 나도 그것을 따라 한다고 "최민수입니다." 하고 소개했던 것이다.

'최민수' 하면 그 당시 최고의 인기를 끌었고, 특히 드라마 <사랑의 뭐길래>는 공전의 히트작이었는데, 그 드라마에서 최민수 씨의 이름이 '대발이'였던 것.

그래서 교회 동생들이 차마 '최민수'라고는 못 부르고 어느 날부터 대발이 형님이라고 부르기 시작했던 것이다. 그런데 그 대발이라는 별명을 교회 전체에서도 부르게 되었던 것.

많은 사람들이 내 이름이 대발이인 줄 알았다고 할 정도다. 그리고 20여 년이 지난 지금도 부산 어느 교회에 내려가면 많은 어른들과 선후배들이 나를 '대발이'라고 부른다. 어느 순간부터는 '보쓰'라는 수정된 별명이 불리기 시작했다. 대발보쓰.^^

그런데 나 역시 이 별명이 싫지 않았다. 다들 왜 내 별명이 '대발이', '대발보쓰'가 됐는지 궁금해 했다. 구구절절 설명하기가 너무 길어서 '발이 넓어서(대인관계)' 대발이라 부른다고 했더니 모두들 공감하곤 했다.

근데 살아가는 것도 별명 따라가는지 지금의 내 생활을 대인관계 측면에서 본다면 '대발이'라는 별명이 딱 어울리는 듯싶다. 나중에 호를 '대발'로 지을까 하고 생각해본 적도 있다.

대발 이제윤..^^


## 교사의 꿈을 놓치다

처음으로 꿈을 놓친 이야기를 털어 놓아야겠다.

나의 원래 꿈은 교사였다. 나는 그나마 형님 누나들 덕분에 한글을 빨리 뗀 편이라 초등학교 1학년 시절에도 한글을 아직 못 뗀 아이들에게 한글 가르치는 것을 참 좋아했다. 그래서 사범대학에 원서를 썼고 다행히 합격도 하였다.

합격 소식을 받고 너무 기뻤지만 계속 기뻐할 수는 없었다. 나에게는 현실의 큰 장벽이 하나 있었다. 바로 경제적 부담이었다. 부모님께서 학비를 대주실 형편이 되는 것도 아니고 결국 형님들이 십시일반으로 학비를 대줘야 하는데 4년이라는 기간은 참 부담스러울 수밖에 없었다. 첫 등록금만 마련해 주면 나머지는 아르바이트를 해서라도 내가 알아서 하겠다고 형제들에게 간곡히 부탁했지만 결국 현실의 벽 앞에서 나는 꿈을 포기해야만 했다.

형님들은 전문대학으로 가기를 원했다. 사범대학에 합격을 해놓고도 눈앞에서 꿈을 포기해야 했던 나는 눈물도 많이 흘렸고 그에 대한 미련으로 하루하루를 보내며 방황하기도 했다. 이제야 하는 말이지만 그래도 이렇게나마 대학을 보내주었던 형제들이 너무 감사할 따름이다. 그 형제들에게 감사하는 마음을 절대로 잊지 않으려 한다.

## 이등병의 편지

입대를 1년 미루었다가 2006년 7월 1일 논산훈련소 입영 통지를 받았다. 남자라면 누구나 치러야 할 병역 의무이기에 나는 당당하게 군에 입대하고자 했다. 26개월의 복무기간, 결코 짧은 시간은 아니었다.

아직도 어머니께서 배웅하시던 모습이 눈에 선하다. 불편한 다리를 이끌고 대문 밖까지 한참동안 따라 나와 배웅을 하시며 끝내 눈물까지 훔치셨다. 늦둥이 막내아들이 슬하를 떠나 군대로 간다니 얼마나 눈에 밟히셨을까.

"집 떠나와 열차 타고 훈련소로 가던 날 부모님께 큰절하고 대문 밖을 나설 때~~"

김광석의 <이등병의 편지>라는 노래가 그저 가슴에 와 닿았다.

입대하던 날, 내가 다니던 교회의 대학부 형들과 누나들, 동생들 수십 명이 부산역으로 나와서 배웅을 해주었다. 10여 명의 친구들은 논산훈련소까지 따라왔다. 그 친구들까지 보내고야 입대를 했구나 하는 실감이 났다.

입대 첫날은 잠이 안 왔다. 낯설기도 하고 가까운 사람들을 당분간 볼 수 없다는 마음까지 더해져 만감이 교차했다. 그렇게 나의 군 생활이 시작되었다. 하루가 왜 그토록 길게 느껴지던지, 국방부 시계는 왜 그토록 늦게 돌아가던지…….

논산훈련소의 6주 훈련 과정을 마치고 퇴소식 하는 날만 손꼽아 기다렸다. 가족들을 볼 수 있었기 때문이다. 훈련을 나가면서 먼저 입소했던 훈련병들이 퇴소하는 모습을 보면 어찌 그리 부럽던지.

그렇게 기다리고 기다려 퇴소하던 날, 형님들과 형수님들이 달려와 주셨다. 정말 감사했다. 하지만 어머니의 모습은 뵐 수 없었다. 편찮으셔서 못 오셨다는 말에 나는 나이에 어울리지 않게 또 눈물을 훔쳤다.

## 해운대를 바라보며 복무하는 행운?

논산훈련소에서 퇴소하고 7주간 부산의 육군기술병과학교라는 곳에서 후반기 교육을 받았다. 우리 집에서 버스로 30분 거리로, 위치가 해운대구에 있었다. '해운대'가 아니라 '해운대구'다. 절대 해운대 안 보인다. 절대 파도 소리 안 들린다. 더더구나 해운대 해수욕장은 버스로도 30분 거리다.

그런데 다른 지역에서 살다가 입대한 동기들은 여자 친구들에게 편지를 쓸 때마다 소설을 써댔다. '해운대구'라는 주소 때문일 테지만, '해운대가 바라보이는 곳에서 어쩌고…… 저쩌고…….' '파도 소리가 어쩌고…… 저쩌고…….' 하며 한 마디로 웃기는 편지들을 쓰곤 했다.

나는 보급이라는 특기를 받았다.

7주간은 동기들만 같이 지내다 보니 군(軍) 생활이라기보다는 기숙사에서 친구들과 함께 공부하는 시간 같았다. 게다가 교관님들이 나를 좋게 봐주셔서 내가 떠나던 날 한 교관님은 아쉬움에 눈물까지 보이셨다. 너무 감사했다.

오후 수업 시간에 다들 졸릴 때면 늘 내가 나섰다. 아니 어느 순간부터는 동기들이 내 이름을 연호하며 일으켜 세웠다.

"교관님, 일단 제 노래 한 곡 듣고 시작하시죠?"

그러면 교관님은 흔쾌히 노래를 부르라 하셨고 난 일발장전 노래를 불렀다. 그리고는 그때부터 나는 MC가 되어 몇 명의 동기들을 앞으로 불러 세워 노래를 계속 이어갔다. 모두들 잠이 확 달아났고 맑은 정신으로 오후 수업에 더욱 매진할 수 있었다.

나를 예뻐하시던 교관님이 후반기 교육을 마치고 떠나기 이틀 전에 나를 불렀다. 자대 배치 장소를 미리 알려주시기 위해서였다. 그런데 2사단이라고 했다.

'2사단이 어디야?'

숫자가 낮은 것을 보니 순간 최전방이라는 느낌이 뇌리에서 떠나지 않았다. 아니나 다를까, 최전방이란다. 강원도 양구군 남면. 처음 들어본 지명이었다. 그 교관님도 군 생활은 어디나 똑 같다는 말씀만 하셨다.

그렇게 나의 군 생활은 최전방에서 근무하게 될 것 같았고 무엇보다 양구에서 부산까지 휴가 나올 생각만 해도 먼저 까마득한 느낌부터 들었다.

### 사랑의 짝대기

7주간의 후반기 특기 교육을 마치고 드디어 자대 배치를 받기 위해 퇴소와 함께 부산역으로 향했다. 집이 부산이다 보니 그나마 가족들과 면회를 몇 번 할 수 있었고 부산역에서 늦은 밤에 출발하다 보니 교회의 친한 후배 몇 명에게 연락했다. 제대로 된 면회는 안 되겠지만 부산역에서 얼굴이나 보자고…….

다행히 한두 명이 나와 주었고 호송관에게 부탁을 드렸더니 기차 시간 대기하는 동안 특별면회를 5분~10분간 할 수 있었다. 너무나 감사했다. 그렇게 일반인들이 타는 통일호 기차의 마지막 칸에 몸을 실었다. 그 마지막 칸은 TMO라 하여 군인들만 탈 수 있는 전용 칸이었다.

그런데 면회를 시켜 주었던 호송관 한 명이 나에게 오더니 "너에게 특별 면회를 시켜 주었으니 나에게도 뭔가 해주었으면 좋겠다."고 하는 것이었다. 무엇을 원하는지 몰랐다. 그랬는데 이렇게 요구를 했다.

"저기 일반 칸으로 보내줄 테니 젊은 여성분 4명만 데려와라."

일명 헌팅을 하라는 것. 설마 장난이겠지 싶어 쭈뼛쭈뼛하고 있으니 "빨리 안 걸 거냐?"고 재촉까지 하는 것이었다. 결국 성화에 못 이겨 일반 칸으로 넘어갔다. 당시에는 "오징어 땅콩 있어요!" 하면서 카트를 몰고 다니는 점원이 있을 때라 일단 일반 칸으로 가서 과자 한 봉지를 사먹었다. 오랜만에 먹어보는 민간 과자에 너무 신이 났다.

그런 다음 마땅한 사람들이 있는지 일단 1호차까지 쭉 가면서 분위기를 살펴보았다. 여성 4명을 찾기가 쉽지는 않았는데 때마침 부산에서 휴가를 보내고 돌아가는 여성 4명이 서로 마주 앉아 있는 것을 목격할 수 있었다. 나는 떨리는 마음에 숨을 한 번 크게 들이마시고는 용기를 내어 그들에게 말을 걸었다.

"혹시 저 끝 쪽에 군인들만 타는 전용 칸이 있는 줄 알고 계세요?"

이렇게 물었더니 알고는 있다면서 자신들도 그 칸이 궁금하다는 것이었다. 옳다구나 싶었다.

"그러면 4대 4로 즉석 소개팅하지 않으실래요?"

내가 다시 물었더니 "오오, 좋아요." 하고 곧바로 답변을 하는 것이 아닌가. 난 혹시 물어본 것이었는데 너무들 좋아하는 바람에 일단 안도의 한숨을 쉬면서 그녀들을 기다렸다. 전용 칸에 그녀들을 데리고 갔더니 그 호송관이 "진짜 데려왔냐?"며 아닌 척하면서 무척 좋아했다.

사실 이제야 이야기하지만, 그 호송관의 외모는 솔직히 여성들이 좋아할 만한 스타일은 아니었다(절대 외모비하 발언이 아님^^).

아무튼 다른 훈련병들은 곤히 잠을 청하고 있는데 나는 잠은커녕 당시 유행했던 프로그램인 일명 '사랑의 짝대기' 사회를 맡아야 했다. 사회(司會)라면 내 전공과목이기도 하니 기쁘게 통로에 앉아서 '사랑의 짝대기'를 진행했다. 1시간여 서로 통성명하고, 이런저런 질문도 하고, 재미와 함께 분위기가 제법 무르익었다.

그러다 이제 마지막 선택의 시간, 나는 진행을 계속했다.

"자, 마음에 드는 사람 이름을 쪽지에 쓰세요. 단, 서로 딱 서로의 이름이 맞아떨어지는 커플만 공개할 것이고 마음에 드는 사람이 일치하지 않을 경우는 공개하지 않겠습니다."

사실 그때는 휴대전화도 없었고 집 전화와 집 주소를 남기는 것이 전부였다. 그리고 혹시 몰라 추가로 이야기를 더했다.

"서로 일치한 커플 외에는 결과에 대해 일체 저에게 안 물어보는 것으로 해주세요."

모두들 흔쾌히 좋다는 답변을 하였다. 그 호송관도 흔쾌히 오케이를 외쳤다. 결과를 열어보니 딱 한 커플이 선정이 되었다. 그렇게 시간을 보내고 나는 내 자리로 돌아가려고 하는데, 그 호송관이 나에게 와서 물었다.

"야, 난 몇 표 나왔니?"

"호송관님, 이런 것 안 물어보기로 했잖아요?"

"짜식, 그냥 물으면 답변이나 해."

어쩔 수 없이 난 대답을 할 수밖에 없었다.

"두 명이셨습니다."

그랬더니 또 "누구였냐?"고 물었다. 그러면서 "혹시 왼쪽에서 두 번째 여자분 아니었냐?"고 했다. 그래서 내가 "오, 어떻게 아셨습니까?" 했더니 "나에게 계속 눈빛을 보내더라." 하는 것이었다. 이제야 이야기하지만 사실 그 호송관을 찍은 여성분은 단 한 명도 없었다.

청량리역에서 춘천 가는 기차로 갈아탈 때 나는 화장실에 늦게 갔다 왔다. 그랬더니 다른 훈련병들에게는 호송관들의 호통이 떨어졌는데 나에게는 천천히 다녀오라며 봐주었다. 그러더니 다른 호송관 한 명이 나에게 "너는 군대 생활 참 잘할 것 같다. 어디에 있든지 몸 건강하게 지내라."는 말을 해주었다.

며칠 전 청량리역을 지나가면서 문득 그때 생각이 떠올랐다.

## 강원도 양구군 남면에서

부산에서 멀긴 멀었다.

청량리역에서 춘천으로 가는 기차를 타고 또 다시 춘천에서 버스를 타고 소양강댐에 내린 다음 소양강을 가로지르는 수송용 배를 타야 갈 수 있는 곳이 양구였다.

"배 타고 들어가면 군대 생활 빡세다."

사람들이 자주 하던 이야기가 실감났다. 결국 나는 배를 탔다. 배에서 내려 군용 트럭을 타고 또 다시 한참을 들어가서야 보충대가 나왔다.

말로만 듣던 전방……. 게다가 1996년 당시 강릉 잠수함 침투사건이 일어났기에 자대 배치 받자마자 고참병들은 작전 나가기가 바빴다. 아니 실전이었기 때문에 살벌했다. 하지만 어차피 하는 군대 생활이었다. 긍정적으로 지내기로 했다.

이왕이면 집과 가까우면 좋았겠지만, 좀 더 도시였으면 좋았겠지만, 누군가 해야 할 일이라면 내가 하자는 마음이었다. 도리어 색다른 경험이라 생각하니 한결 기분은 좋아졌다. 고참병들과도 스스럼없이 잘 지냈고 후배들과도 잘 지냈다.

정말 색다른 경험이라면 부산에서는 별로 보지 못했던 눈을 실컷 구경했다는 것이다. 실컷 구경하는 정도가 아니라 눈을 치우느라 정신이 없었다. 그놈의 눈은 겨울 내내 치워도, 치워도 끝없이 쌓였다.

춥기는 왜 그리 추운지, 체감온도가 영하 30도는 됐을 것이다. 보초를 설 때면 너무 추워서 1분 1초가 한 시간 두 시간처럼 느껴졌다. 그래도 훈련이나 업무, 내무생활 등 모든 면에서는 다른 사람들에게 뒤처지고 싶지는 않았다.

물론 부실한 체력으로 유격훈련은 너무 힘들어 꾀를 냈던 기억이 난다. 땡볕에서 피티 체조를 하던 도중 일부러 쓰러졌다. 리얼한 연기가 필요했다. 쓰러진 채 침도 살짝 흘렸다. 내가 생각해도 너무 연기를 잘했다. 유격 교관이 그늘로 보내주었다. 그래서 그날 오후 만큼은 편하게 쉴 수 있었다. 1주일 동안의 긴 유격훈련 중에 잠시 꾀를 부린 것이 미안하긴 했지만 스스로에게는 칭찬을 하고 있었다.

그런데 갑자기 유격대장님이 오셨다. 내가 다니고 있던 군대 교회의 집사님이시기도 하였고 나를 잘 알고 계셨다. 그분 들어오시는 것을 느끼자마자 고개를 확 돌리고 팔로 머리를 가렸다. 그런데 나지막한 소리가 들렸다.

"저 녀석 어디서 많이 보던 녀석인데?"

다행히 그 정도로 조용히 지나갔다.

또 한 번은 화생방 훈련 때의 기억이다.

병장 무렵 그냥 마지막으로 "한 번 더 받지." 하는 생각에 기분 좋게 훈련을 나갔다. 그런데 그날 화생방 가스는 그 어느 때보다 강했다. 방독면을 벗자마자 숨이 막힐 것 같았다. 10초를 못 견디고 밖으로 뛰쳐나가려 했다. 교관들이 나를 붙들었지만 나는 초인(?)적인 힘을 발휘하여 교관 두 명의 팔목을 한순간에 제압하고 밖으로 뛰쳐나왔다.

물론 이런 이야기만 있었던 것은 아니다. 이런 기억을 떠올린 것은 작은 웃음을 드리기 위해서이고 평소에는 누구보다 열심히 훈련을 받고 업무를 처리했다. 나 혼자만 그렇게 생각하는 것일 수도 있겠지만.

우리 부대는 포상휴가 안 주기로 정말 유명했다. 그런 가운데에서도 두 번이나 포상휴가를 받아 나왔으니 아마 당시 우리 부대에서는 포상휴가를 가장 많이 받았던 병사가 아닐까 싶다.

그래서인지 전역할 때 한 부사관께서 "너는 전역해도 아마 성공할 거야." 하셨고, 대대장님께서도 전역 신고를 하러 갔더니 "자네는 100점짜리 병사였어." 하고 칭찬하셨다.

'군대 생활이 결코 헛된 시간은 아니었구나.'

군에서 내 인생의 새로운 이정표를 마련했구나 하는 생각이 들면서 나 자신이 무척 자랑스럽고 자부심마저 느껴졌다. 아무튼 26개월의 시간은 그렇게 흘러갔고 무사히 제대할 수 있었기에 그저 감사할 뿐이었다.

## 새로운 출발, 자취를 시작하다

군대에서 전역한 후 어머니를 모시고 있는 큰형님 댁에서 지내는 것이 이제는 내가 부담이 되었다. 그래서 큰형님에게 부탁을 했다.

"자취방 얻을 600만 원만 빌려주세요. 나중에 직장생활하면 모두 갚아 드리겠습니다."

당시 600만 원이면 일명 '하꼬방'이라 불리는 단칸방밖에는 구하지 못했다. 부엌 하나 있고 씻는 곳도 부엌에서 씻어야 하는 그런 방 한 칸짜리.

하지만 그것마저도 감사했다. '하꼬방'에 산다고 절대 부끄럽지 않았다. 뭐가 부끄러운가? 도리어 나 자신이 대견스러웠다. 자신감도 생겼다. 보통 남자들의 자취방하고는 달랐다. 늘 깨끗하게 해놓고 지냈다. 세탁한 옷도 차곡차곡 정리해 두었다. 친구들이 놀러오면 남자의 자취방이 그렇게 깨끗하다는 사실에 놀라곤 했다.

그 이후 열심히 돈을 모았다. 은행에 저축하며 한 푼 두 푼 쌓이는 것이 너무 기뻤다. 결국 얼마 지나지 않아 그 600만 원은 모두 갚아 드렸다. 그 600만 원은 내 인생의 종자돈인 셈이었다. 600만 원의 기적, 드디어 뜻을 세우고 꿈을 만나기 시작하는 계기였다.

## 신문배달

용돈 독립도 선언했다. 전역하고 나니 철이 들었는지 형님들에게 용돈을 타 쓰는 것조차 미안했다. 그래서 바로 신문배달을 시작했다. 물론 저녁에 다른 아르바이트를 할 수도 있었지만 내 인생에 의미 있는 아르바이트를 하자는 뜻에서 정말 큰 결심을 했다.

매일 같이 새벽 3시에 일어나야 했다. 보급소에서 신문을 준비하고 4시에 본격적으로 오토바이를 타고 배달을 시작했다. 6시 30분 정도가 되어야만 배달은 끝이 났다. 그리고는 학교로 향했다. 피곤

함은 이루 말할 수 없었지만 나와의 싸움이라 생각하고 여기서 포기하면 내 인생도 포기라는 각오로 악착같이 2년을 버텼다. 새벽을 깨우며 신나게 달렸다.

잠과의 싸움이기도 했지만 어떤 때는 배달하는 집의 개와도 싸워야 했다. 비가 오는 날이면 신문이 젖지 않도록 비닐에 넣어서 배달해야 했으므로 시간이 더 많이 걸렸다. 또 어떤 때는 배달 오토바이가 빗길에 넘어져 가져온 신문을 다 쏟은 적도 많았다.

그렇다고 그때마다 절대 우리 집 환경을 탓하지는 않았다. 부모님을 단 한 번도 원망하지 않았다. 오히려 스스로가 더욱 이를 악물게 되었다.

'내가 겪은 지금의 고생을 바탕으로 꼭 성공하고 말리라. 지금의 나날을 언젠가 뒤돌아볼 때 좋은 추억으로 삼아 웃으며 말하리라.'

굳게 다짐을 하곤 했다.

신문배달 역시 절대 부끄럽지 않았고, 이것 역시도 감사하며 스스로를 잘했다고 칭찬하였다. 열심히 한다고 신문 보급소장님이 급여도 조금 더 올려주셨다.

수처작주(隨處作主)라는 말처럼 내가 있는 자리에서 최선을 다하는 내 모습이 그저 감사하고 대견했다.

## 어머니 떠나시다

내가 결혼한 지 막 1년을 지날 무렵이었다.

추석 차례를 지낸 그날 오후. 사랑하는 어머니를 하늘로 보내드렸다. 그 소식은 승용차를 끌고 서울로 올라오는 길에 연락을 받았다. 요양병원에서 몇 년을 고생하시다가 많은 자식들을 두고 떠나셨다.

"우리 종말이, 우리 종말이……." 하시며 막내인 나를 그토록 찾으시고 사랑하시던 그 어머니를 떠나보냈다. 7남 2녀의 막내였던 나의 아명이 '종말'이었다.

이제 막 효도라도 좀 하려고 했는데, 이제 좋은 것 좀 해 드리려고 했는데……7남 2녀를 그 여린 몸으로 낳고 키우시며 얼마나 고생이 많으셨을까? 어머니는 참으로 몸이 야위셨던 분이라 더욱 가슴이 아린다.

고생고생하시며 자식을 키웠는데 가끔 내가 속이라도 썩일 때는 얼마나 가슴이 아프셨을까? 당신은 먹지 않아도 배부르다며 맛있는 것 있으면 내 숟가락 위에 얹어 주시던 그 어머니, 밭에 일 나가시기 전에 내가 낮잠이라도 자고 있으면 머리맡에 과자 한 봉지를 살며시 놓아두고 가셨던 어머니, 추운 겨울 내가 아프기라도 할라치면 그 차가운 눈보라를 헤치며 휘어진 당신의 등에 나를 업고 시골 동네 딱 하나 있는 약국까지 한밤중에라도 걸어가셨던 어머니…….

"우리 종말이가 아파요. 우리 종말이가 아파요."

이렇게 소리치며 약국의 대문을 쾅쾅 두들기시던 모습이 떠오른다. 어린 시절의 일이었지만 그 모습이 아직도 눈에 선하다.

"낙동강 강바람이 치마폭을 스치면~~~."

<처녀 뱃사공>이 18번이었던 어머니. 참 얄궂게 떠나신 후에는 왜 못 해 드린 것만 생각이 나는 걸까? 어머니를 고향 산천에 묻고 돌아온 그 다음날 구슬프게 비가 내렸다.

'오늘 밤은 우리 어머니가 저 찬 비를 맞으시겠구나?'

이렇게 생각하니 더 목이 메여 왔다.

그래도 참 감사한 것은 어머니의 소원 하나는 이루셨다는 것이다. 내가 어려서부터 "우리 종말이 결혼하는 것은 꼭 보고 죽어야 하는데……." 입버릇처럼 말씀하셨던 어머니의 소원대로 내가 결혼을 한 다음에 돌아가셔서 그나마 다행이었다.

나는 어머니께서 그런 말씀을 하실 때마다 서글픈 마음에 이렇게 답했던 기억이 난다.

"앞으로는 절대로 그런 말씀 하지 마세요. 꼭 며느리 보실 거니까 걱정하지 마세요."

그렇게 나는 약속을 지켰는데, 어머니는 떠나가시고 말았다. 그래도 종말이가 손자를 안겨드리지 못한 것은 아직도 죄스럽게 느껴진다.

## 둘째 마당

# 일터에서의 꿈

## 취업난을 겪다

학교를 졸업할 당시만 해도 누구보다 자신감에 가득 차 있었다. 나 한 명 갈 곳 없을까 큰소리를 치고 다녔다. 하지만 현실은 그게 아니었다.

나 하나 갈 곳이 정말 없었다. 그러다 보니 마음도 조급해졌다. 그래서 인생 계획을 다시 세웠다. 최소 5년 대계(大計)를 세웠다.

'일단 어느 회사든 간에 무조건 들어가자. 들어가서 후일을 도모하자.'

이런 전제를 가지고 세상을 바라보았다.

놀고 있는 것보다 무언가를 하고 있는 것이 중요하다고 생각했다. 그렇게 경력을 쌓다보면 아무 일도 하지 않고 시간을 보내는 것보다 좋은 기회를 만들 수 있는 확률은 당연히 높아지리라고 생각했다. 하다못해 경력사원으로 갈 수 있는 기회도 많아지리라고 생각했다. "취업 준비하고 있었습니다." 하는 것보다는 "경력이 있습니다."가 훨씬 유리하리라고 생각했다.

그래서 어느 작은 업체에 우선 입사를 했고 입사한 다음에도 틈틈이 새로운 회사에 계속 도전하기 시작했다.

## 금강공업 입사

어쨌건 첫 손가락에 꼽은 버킷리스트는 취업이었다.

대기업이나 글로벌 기업 같은 거창한 목표가 아니라 안정적으로 소신껏 일할 수 있는 일터가 첫 버킷리스트인 취업의 기준이었다. 어쩌면 내 인생에서 처음으로 세운 인생 계획이었는데, 뜻대로 실현이 되었다.

지금까지 16년 남짓 열심히 다니고 있는 금강공업주식회사에 입사했던 것이다. 금강공업은 코스피 상장회사인 아주 건실한 중견기업으로 '안정적으로 소신껏'이라는 나의 기준과 목표에 부합하는 회사였음은 두말할 나위도 없다.

금강공업 부산공장 회계 팀에 입사하며 내 인생은 새로운 전환기를 맞이했다. 정말 이 회사에서 뼈를 묻을 각오가 되어 있었다.

지금도 회계 팀에 근무 중인 나의 첫 사수는 깐깐하기로 유명했다. 회계 업무의 특성상 어쩔 수 없다고는 하지만 좀 지나치다 싶을 만큼 깐깐했다. 어느 날은 결산상 1원 틀린 것 때문에 한참이나 잔소리를 들었던 일이 아직도 기억에 남아 있다.

이런 경우 말고도 별것도 아닌 일에 너무 깐깐하게 구는 바람에 가끔은 부아가 치밀어 올랐지만 지나고 보니 사수의 그런 성격 덕분에 일은 제대로 배울 수 있었다는 생각에 도리어 감사하게 여겼다. 그리고 정이 많은 사람이라 밉지가 않았다. 업무에서는 완벽을 추구하는 사람이지만 업무를 떠나서는 인간적이어서 참 좋았다.

우리 어머니 생신 때는 어머니 드리라며 용돈까지 쥐어주기도 했다. 이런 사수가 있을까 싶다. 그렇게 미운 정 고운 정 들며 3년 동안 함께 근무했다. 내가 다른 곳으로 발령을 받던 날은 함께 근무하지 못한다는 사실에 섭섭한 마음과 더불어 울컥 감정이 치밀었을 정도다.

지금은 사석에서 만나면 호형호제(呼兄呼弟)하며 막역하게 지낸다. 가족들끼리도 자주 만나고 각자의 스트레스를 털어 놓으며 서로에게 위로를 받고 있다. 우연찮게 고향도 나랑 같은 곳이라 회사에서 나의 첫 멘토가 되었다.

## 진천공장 거쳐 드디어 서울로 발령받다

　금강공업에 입사한 다음 내가 설정한 또 다른 목표는 서울 본사에 발령을 받는 것이었다. 말(馬)은 나면 제주도로 보내고, 사람은 나면 서울로 보내라는 말(言)처럼 "남자로 태어나 보람 있게 일하려면 지방 근무보다 이왕이면 서울 본사에서 근무하자."는 것이 나의 모토였다.

　부산공장에서 3년을 근무한 다음 드디어 전근 발령을 받았다. 생각지도 않던 발령이었다. 어라, 그런데 서울이 아니었다. 진천공장이었다.

　이제 와서야 이야기지만 참 많이 망설였다. 그래도 대도시인 부산에 있다가 지방으로 가는 것은 정말 내키지 않았다. 그리고 나의 가족들이며 친구들이 모두 부산에 있는데 혈혈단신 진천으로 부임해야 한다는 사실이 막막하였다.

　회사 직원들 말고 아는 사람이라고는 한 사람도 없는 곳이었다. 고민이 많았지만 그래도 어쩔 수 없지 않는가? 다시 후일을 도모할 수밖에……

　1월 2일부터 출근이라 1월 1일 밤늦게 내가 지낼 회사 숙소에 도착했다. 늦은 밤에 눈까지 내리는 데다 시골이라 불빛이라고는 없었다. 불빛조차 구경하기 어려운 시골의 밤 풍경이 내 마음처럼 을씨년스러웠다.

　그러나 내 성격상 환경을 탓하면서 불평이나 일삼고 주저앉는 것은 어울리지 않았다. 진천공장에 근무하는 동안에도 새로운 활력을 위해 무엇인가 열심히 찾아다녔다.

　진천공장 회계 팀에서 근무한 지 6개월여 만에 새로운 발령을 받앉다. 운이 좋았던 건지, 목표를 위해 부지런을 떨었던 덕분인지 몰라도 갑자기 서울로 발령을 받게 되었다. 드디어 목표로 삼았던 서울 본사에 입성했다.

운명이었을까, 아니면 목표를 이루었다고 말할 수 있을까? 참 애매하긴 해도 어쨌든 결과를 놓고 보면 애당초 내가 계획한 대로 이루어진 셈이었다.

더욱이 계열사 관리를 총괄하게 되었고, 처음으로 계장이라는 직급으로 진급도 했다. 논산훈련소에서 훈련병이 그토록 달고 싶어 했던 짝대기 하나 이등병 계급장을 달 때의 심정이라고 하면 군대 다녀온 남자들은 이해하려나?

'아무튼 내 생애 봄날이 오려나 보다.'

서울로 올라가자 일단 문화부터가 좀 달랐다.

지방에서의 분위기와 서울에서의 분위기는 딱히 어느 것이 좋다고 이야기하기는 어렵겠지만 나에게는 서울의 문화가 체질에 맞는 듯싶었다.

회사에서 사택까지 제공해주었다. 물론 지방에서 올라온 직원들끼리 한 아파트에서 살 수 있게 해준 것이어서 조금 불편하기는 해도 주거비용이 세이브 되니까 경제적으로는 훨씬 이득이었다. 회사에서 그리 멀지도 않았다.

물론 첫날은 버스를 탈 줄 몰라 헤매다가 결국 택시를 타고 퇴근하기도 하였다. 출근할 때는 같이 살던 동료들과 함께 출근하면 되지만 퇴근시간은 서로 다르기 때문에 버스 노선을 몰라 좀 헤매야 했던 것이다.

그렇게 나의 첫 서울 생활은 시작되었다.

## 인사총무 팀으로 옮기다

　사실 내 성격은 회계 스타일이 아니다.
　전공이 회계였기에 회계 팀에서 10여 년간 일했지만 꼼꼼하게 숫자를 다뤄야 하는 회계와는 솔직히 거리가 멀었다. 활달한 성격을 소유한 나로서는 사람 만나는 것을 아주 좋아하고 외향적이라 예전부터 인사, 총무, 영업 쪽이 어울린다고 생각했다. 나만 그렇게 생각한 것이 아니라 회사 내의 많은 사람들이 나를 그렇게 생각했다.
　이왕이면 성격에 맞는 회사의 인사, 총무부서로 가고 싶었다. 그렇게 희망하며 기회를 엿보고 있을 때 다른 회사로 이직할 수 있는 제의가 들어왔다. 연봉도 더 준다고 했다.
　그런데 퇴사 예정일을 사흘 앞두었던 날, 지금의 직속 임원 분께서 나를 회사 밖의 카페에서 보자고 하셨다. 그리고는 나에게 "나와 함께 일해보자."고 말씀하셨다. 나는 두말 하지 않고 승낙했다. 나를 믿어주신 것에 감사했고 또한 내가 가고 싶었던 부서에서 근무할 수 있게 된 것에 감사했다.
　더 준다는 연봉은 포기했지만, 또 다시 고마운 분을 만나 새로운 멘토로 모시게 되었다. 그동안 근무하면서 많은 윗분들을 만났고 또한 그분들에게 배운 것도 참 많았지만 이분은 또 다른 측면에서 배울 점들이 정말 많았다.
　사람을 대하는 화술이나 업무 처리하는 부분은 물론 무엇보다 회사의 모든 일에서 자신이 주인이라는 마음가짐으로 일하는 자세가 남달랐다. 월급만 받으면 된다는 마음이 아니라 작은 부분 하나까지도 "내 것이다." 하는 마음으로 심혈을 기울여 처리를 하는 분이었다. 정말 많은 것을 배웠고 또 배워가고 있다.
　우리 회사의 장점은 정이다.

모든 임직원들이 정으로 똘똘 뭉쳐 신입사원들이 들어올 때마다 이구동성으로 '가족적인 분위기'라는 이야기를 강조한다. 나의 멘토가 되신 이 분 역시 누구 못지않게 정이 넘친다. 아무튼 그렇게 인사총무 팀으로 옮겨 지금까지 5년째 근무하고 있고 2017년 1월 1일 팀장이라는 중책까지 맡게 되었다.

그렇다면 일터에서 나의 다음 버킷리스트는 무엇이 될까?

## 우수사원, 그리고 특별 승진

입사 후 11년차에 회사에서 우수사원으로 선정되었다. 나를 좋게 봐주신 회사의 윗분들에게 그저 감사할 따름이다. 아무튼 그 덕분에 말레이시아 코타키나발루 3박 5일 연수를 다녀왔다.

그곳에서도 나는 성격상 가만히 있지를 못했다. 다른 회사에서 오신 분들과도 여러 모로 친분을 쌓았다. 그 중에서 병원을 운영하는 연세 지긋하신 의사 선생님 부부와는 지금까지 인연을 이어오고 있다.

한국에 돌아와서 몇 달이 지난 다음 아내와 함께 그분 집에 초대를 받기도 하였고, 지금도 가끔 카톡으로 인사를 나누고 있다. 물론 내 노래 CD까지도 구매해 주셨다.

코타키나발루에서 개인 노래자랑이 있었다. 노래하면 어디 내가 빠질 사람인가. 오승근 님의 <있을 때 잘해>를 멋들어지게 불렀다. 그때는 내가 가수는 아니었기 때문에 모두들 가수인 줄 알았다며 이구동성으로 칭찬해 주었다.

우수사원으로 뽑힌 일 자체가 내 인생의 훈장이고 삶의 영광이니 감사의 리스트 중에 하나라고 할 수 있을 것이다.

직장생활을 하면서 가장 기분 좋을 때가 언제일까?

여러 가지를 꼽을 수 있겠지만 많은 사람들이 월급 오를 때라고 이야기할 것이다. 회사를 다니는 목적은 저마다 조금씩 다를 수도 있겠지만 결국은 먹고 살기 위해 다니는 것일 테니 월급을 올려 받을 때도 당연히 기분이 좋을 수밖에 없겠다. 물론 사명감이나 자기 적성에 맞아서 다니는 사람도 있을 테니 100%라는 이야기는 아니다.

월급 오를 때도 그렇지만 또 한 가지 기분 좋은 경우는 바로 승진할 때라고 생각한다. 나도 처음으로 계장이라는 직급을 달았을 때 정말 기분이 좋았다. 그리고 정도의 차이는 있지만, 한 단계 한 단계 직급이 오를 때마다 성취감 같은 것을 느꼈다.

그런데 일반 승진도 아닌 특별 승진이라면 어떨까? 더 기분이 좋을 것은 당연지사다. 그렇지만 회사에서 상위 직급으로 올라갈수록 특별승진은 더욱 어려울 수밖에 없다. 소위 말하듯 회사에 지대한 공헌을 해야만 가능하다는 말이다.

그런데 <태양의 후예>라는 텔레비전(KBS) 드라마의 남자 주인공인 송중기가 유행시킨 대사처럼 "그 어려운 것을 제가 해내지 말입니다."가 현실이 되었다.

그것도 직원 중에서는 최상위 직급인 부장 특진.

2018년 3월 1일, 그렇게 인사 발령이 났다. 물론 나 혼자 잘해서라기보다는 우리 팀원들이 잘해 줬고 잘 따라줬고, 또한 직속 임원분과 경영진에서 부족하지만 잘 봐주신 덕분이라고 본다. 당연히 나의 공만으로 된 것은 절대 아니다. 그럼에도 불구하고 엄청 기분이 좋았다.

아무튼 나는 이 일로 회사생활에서 성공했다고 자부하게 되었으며, 스스로에 대해 너무나 자랑스럽기도 했다. 많은 분들의 축하도 받았다. 정말 열심히 하고 일도 잘해서 꼭 특진을 해보고 싶었는데 막상 그 일이 현실로 다가왔던 것이다.
 너무나 좋은 일에 그저 또 감사하고 감사할 뿐이다.

**셋째 마당**

# 무대의 꿈을 이룬 〈상남자야〉

## 가수 이제윤

어려서부터 하고 싶었던 일 중의 하나는 노래였다.

그래서 꿈 중의 꿈 가운데 하나는 바로 가수였다.

노래를 엄청나게 잘 부르지는 않지만 소질이 있다는 이야기를 많이 들었기에 꼭 도전해 보고 싶었다. 어린 시절에는 스테레오 카세트에 테이프를 넣고 내가 직접 녹음을 하면서 놀았던 기억이 있다. 게다가 다섯 살 무렵에는 당시 크게 유행하던 최병걸 님의 <난 정말 몰랐었네>를 멋들어지게 불러 동네에서 가는 곳마다 어르신들이 나에게 노래를 시키기도 했다.

대학시절에는 강변가요제에 꼭 나가보겠다고 계획을 세운 적도 있었다. 그래서 친한 형님들과 그룹사운드를 결성하려 했지만 그것마저 경제적 난관에 부딪혀 포기해야만 했다. 또 한 번은 교내 그룹사운드에서 오디션까지 받았다. 합격은 했지만 이런저런 시간 제약들이 있어서 합류하지는 못했다.

서울에 올라와서부터는 지인들이나 소외계층을 위한 각종 행사에 초청되는 일이 늘어났다. 재능 기부가 많았지만 무대에 선다는 사실 자체만으로도 너무 좋았다. 그리고 내 노래를 들어주는 사람들이 있다는 것만으로도 감사하고 행복했다.

이렇게 꿈을 향해 조금씩 나아가긴 했지만 실제로 가수가 되는 일은 너무나 막연했다. 생각만 머릿속에서 맴돌았을 뿐 어떻게 실천해야 할지 몰랐다. 그렇게 나이는 먹어갔고 30대 후반이 되어 버렸다.

어느 날 영화 <수상한 그녀>를 본 다음 새로운 결심을 했다.

"그래, 나이가 더 들면 가수를 하고 싶어도 엄두를 내지 못한다. 조금 늦긴 했지만 지금이라도 도전해보자."

그렇게 마음을 굳혔다.
'이제 마음을 먹었으니 실행을 해야지!'
그렇다고 30대 후반의 내 나이가 발라드를 할 것은 아니었다. 어린 시절부터 많이 불러왔고 좋아했던 트로트 장르로 도전하고자 했다.
가수가 되는 일과 관련해 여기서 살짝 공개할 일화도 있다.
고등학교 전교 조회시간 때의 일인데, 애국가를 트로트로 불렀다가 선생님께 혼이 났다. 말이 되는지 모르겠지만, 나는 모든 노래를 발라드처럼 부른다고 생각하는데 듣는 사람들은 모두 트로트라고 한다.
아무튼 무명이긴 하지만 가수활동을 하고 있는 동생과 만났다. 그 동생에게 이것저것 많이 물어봤다. 이번에는 교회 집사님 한 분이 작곡가라는 이야기를 듣고 그분을 잘 아는 사람을 통해 소개를 받아 조언을 구하기도 했다.
유튜브에 올려놓은 나의 영상을 보여드렸더니 "다듬으면 괜찮을 것 같다."고 칭찬을 해주셔서 우쭐하는 자신감이 생겼다.
그 이후에도 가수 활동을 하는 또 다른 동생을 만났다. 그 동생이 작곡가를 소개시켜 주겠다고 했다. 하지만 소속사가 있는 것도 아니고, 자비(自費)로 모든 것을 감당해야만 했기 때문에 비용 부담이 걱정이었다. 작곡비, 편곡비, 녹음비 등등 비용이 만만치 않았다.
다행히 작곡 팀이 지인이 소개한 경우로 특별 할인가(?)를 적용해 주겠다고 했다. 그렇다고 실력이 없는 작곡 팀은 아니었다. 상당한 인기가 있는 어느 여자 아이돌을 처음 키워낸 수준 있는 작곡 팀이었다.
그 작곡 팀과 인연을 맺고 비용 마련을 위해 결국 마이너스 통장을 개설했다. 다행스럽게도 아내가 나의 꿈을 응원해주었다. 두고두고 감사할 뿐이다.

시간이 한 달여 지나고 데모 곡을 받았다. 주변의 지인들에게 들려주었더니 노래가 좋다고들 했다. 곧바로 녹음을 들어갔다. 처음 가보는 녹음실이 신기하기만 했다. 내가 헤드폰을 끼고 녹음실 마이크 앞에 서 있다는 사실이 자랑스럽기도 하고, 그야말로 만감이 교차했다.

녹음하는 것도 쉽지만은 않았다. 1차 녹음을 끝내고 며칠 있다가 2차 녹음, 또 3차 녹음……. 녹음을 마치니 이제 코러스와 믹싱, 그리고 최종적으로 마스터링이 남았다. 그 기다림의 시간은 너무 길었다. 초등학교 시절 소풍가는 날만 기다리던 것처럼 마음이 들떠 있었다.

드디어 노래가 완성되었다. 2014년 5월 14일, 불혹(不惑)이라 불리는 마흔 살의 나이에 <상남자야>라는 곡으로 가수 이제윤의 첫 디지털 싱글앨범이 발매되었다. 각종 음원 사이트에 내 이름이 올라가기 시작한 것은 물론이고, 네이버나 다음 등 포털사이트에도 내 이름 '이제윤'으로 인물 검색이 되기 시작했다.

신기함은 이루 말할 수 없었다. 가슴이 벅차올라서 마구 자랑하고 싶었다. 특히 돌아가신 부모님께 자랑하고 싶었다. 비록 한 곡이지만 CD 앨범도 만들었는데 제작되어 나오자마자 한걸음에 부모님 산소에 달려갔다. 그리고 그 앞에서 마음껏 자랑했다.

나도 모르게 눈물이 쏟아졌다.

'두 분이 살아계셨으면 정말 좋아하셨을 텐데…….'

나의 첫 앨범을 부모님 산소 앞에 놓아두고 돌아왔다.

그렇게 <상남자야>가 태어나고 가수 이제윤의 꿈이 이루어진다. 그런데 데뷔곡인 <상남자야>의 반응이 꽤 괜찮았다. 특히 지인들의 자녀들 가운데 초등학생들과 유치원 아이들이 신나게 따라 부른다는 이야기를 자주 들었다. 어떤 분들은 동영상을 찍어 보내오기도 했다. 어느 날은 목사님으로부터 전화가 왔다.

"딸아이가 갑자기 <상남자야>를 따라 부르기 시작하네."

아무튼 그 이듬해에는 4곡을 더 추가해서 미니앨범을 발매했다. 이 중 한 곡은 <아버지>라는 발라드 곡이었다. JG하모니라는 친한 가수 동생이 직접 작사·작곡하여 선물로 준 노래였다. 원래 자신들이 불러 앨범을 발매했는데 내 목소리와 더 잘 어울릴 것 같다며 그냥 선물로 건네주었던 것이다.

그 이듬해인 2016년에는 누구나 인생에 오르막길과 내리막길이 있으니 용기를 잃지 말고 살아가자는 의미의 가사가 담긴 <슈퍼파워>라는 디지털 싱글 앨범을 추가로 또 발매했다.

정식 CD로 제작은 했지만 무명가수의 음반을 오프라인에서 판매한다는 것이 쉽지 않았다. 그래도 지인들께서 한 장, 두 장, 세 장, 열 장 사주시면서 1,500장이라는 판매고를 올리기도 했다. 나에게 있어서는 유명 가수 분들의 100만 장 판매와 맞먹는 판매량이라 할 수 있기에 모든 분들에게 감사할 뿐이고 그 감사함을 결코 잊지 않으려 한다.

요즘 최고 인기그룹이라 할 수 있는 '트와이스'나 '워너원' 등이 내 후배 가수들이다. 물론 나는 그들을 아주 잘 알지만 그들은 나를 전혀 알지 못할 뿐이다. 또한 참고로 방탄소년단의 노래는 <상남자>, 내 노래는 <상남자야>다.

게다가 난 가수이기도 하지만 제작자이기 때문에(물론 엔터테인먼트에서 내 앨범을 내준 것이 아니라 자비로 낸 것이라) 음원 사이트 수익금은 내 통장으로 입금이 된다.

처음에는 10만 원 가까운 음원 수입이 들어왔다. 내가 알기로는 음원 사이트에서 내 노래를 다운받으면 100원, 스트리밍을 하면 4원 정도인 것으로 알고 있다. 그런데 10만 원 가까운 금액이라면 엄청난 수익인 데다 내 노래를 엄청나게 많은 사람들이 들었다는 뜻이다.

물론 요즘은 몇 천 원인 경우가 대부분이긴 하지만 달마다 통장에 음원 수입은 들어오고 있다. 몇 천 원이라는 돈이 중요한 것이 아니라 누군가가 내 노래를 듣고 있다는 것이 그저 뿌듯하고 자랑스럽다.

아무튼 이제부터 난 나름 가수다.^

## MC의 꿈이 이루어지다

가수가 될 수 있었던 밑천의 하나는 MC였다.

많은 행사에서 MC를 봤기에 가수가 될 수 있었던 것 같다. 어린 시절부터 오락부장은 도맡았을 정도로 성격상 나서는 것을 좋아했나 보다. 특히 교회에서 이러저러한 행사의 MC를 많이 맡다 보니 자신감이 넘쳤다. 게다가 많은 사람들이 즐거워하는 바람에 더욱 신이 나서 진행을 할 수 있었다.

'아예 MC를 직업으로 삼을까?'

이런 생각도 해봤지만 나보다 말 잘하고 더 재미있고 더 유능한 사람들이 얼마나 많을까 싶어 그냥 취미로 하는 데 만족하기로 했다. 그러다 서울로 올라왔고 서울에 있는 사랑의 교회 성가대에서 활동할 때 어떤 집사님께서 부족하지만 나의 MC 재능을 알아봐 주셨다.

교회 행사를 진행하다 보니 한 분 한 분 본인들이 속해 있는 단체의 사회를 부탁해 왔고 그러다 보니 알음알음으로 소개도 받았다. 그렇다고 연예인들처럼 날마다 스케줄이 있는 것은 아니었지만 그래도 나름대로 스케줄을 관리해야 할 정도가 되었다.

어떤 때는 시청 행사의 공식 MC로 초청되기도 했고, 지역이나 회사의 행사에서도 심심찮게 MC를 봤다. 동창회 행사에도 종종 이름을 알리고 나이에 어울리지 않게 결혼식 사회를 보는 경우도 있다. 내 노래를 가진 가수가 된 데다 MC로서 무대를 오르내리게 되니 꿈의 버킷리스트 하나는 이루어지는 셈이다.

## 작곡가의 꿈

고등학교 시절, 음악시간에 작곡하는 것을 배운 적이 있다.

딱 한 소절을 작곡하는 것이었지만 음표를 그려내는 것이 신기하기만 했다. 게다가 음악 선생님께서 내가 그린 악보를 가지고 피아노를 치시더니 "잘했는데?" 하고 칭찬까지 해 주셨다.

'오~ 이거 재미있는데?'

그날 이후 피아노도 못 치고, 기타도 못 치는 내가 오로지 머릿속에 겨우 알고 있는 음표와 음악 부호로 작곡을 해보았다. 나름 문학소년, 문학청년이라 불리던 터라 작사까지 해보았다. 그렇게 한두 곡을 만들었고, 대학에 다닐 때는 부산의 어느 대학교 교내 방송국에서 개최한 창작 복음송(CCM) 대회에 내가 직접 작사·작곡한 곡을 들고 교회 형님 두 분과 함께 출전하기도 하였다. 제목은 <너는 내 것이라>

영광스럽게도 1차 예심도 통과했다. 물론 본선에서 입상은 하지 못했지만 출연한 10개 팀 가운데 4위라고 끝까지 우기고 다녔다. 입상자는 3등까지만 발표가 되었으니 4등이라 우긴다고 누가 뭐라고 하겠는가.^^

그러다가 나의 미니앨범에 내가 직접 작사·작곡한 노래도 넣으면 좋겠다는 욕심이 생겼다. 가사를 썼다. 두 곡이나 썼다. 두 곡 모두 곡을 붙여 보았다. 그런 과정을 거쳐 내가 작사·작곡한 <한 눈에 뿅>이라는 곡과 <도돌이표 사랑>이라는 곡이 탄생했다.

나와 함께 작업했던 작곡가가 "소질 있다."고 칭찬까지 해주었다. 칭찬은 고래도 춤추게 한다더니 그 바람에 정말 춤을 추었던 것 같다. 저작권협회에 정식으로 등록까지 했다. 한 달 정도 지나니 저작권료도 나왔다. 비록 1만 원밖에 안 되는 금액이었지만 이렇게 나름 저작권료가 나오는 정식 작곡가가 되었다.

## 선거 캠페인 송으로 불릴 뻔한 <한 눈에 뿅>

지난 2016년 국회의원 총선거 때 어느 당의 예비후보 한 분이 '경선에서 이겨서 정식 후보가 될 경우'를 전제로 내가 작곡한 노래 <한 눈에 뿅>을 선거 캠페인 송으로 사용하기로 했다. 저작권이 나에게 있기 때문에 나만 허락하면 얼마든지 사용할 수 있었고, 당연히 내 입장에서는 도리어 내 노래를 써달라고 할 수도 있는 상황이었다.

아무튼 당시 그 후보가 경선에 이길 수 있다고 예측할 정도로 유력한 입장이었기 때문에 개사(改詞)도 하고 데모 녹음도 마쳤다.

0번에 뿅, 0번에 뿅, 0번에 뿅 갔네
xxx에 뿅, xxx에 뿅, xxx에 뿅 갔네

xxx 처음 본 그 순간 나는 0번에 뿅 갔네

안양을 위하여 오로지 필요한 일꾼
완전한 안양 이상형

안양엔 xxx
국회의원 xxx
다시 태어나게 되는 안양시
주민들 싱글벙글
목소리 쩌렁쩌렁
안양시 살리는 xxx

천년이 지나도 변하지 않는 후보 x.x.x.!
세상에 그 어떤 후보보다 안양시에는 x.x.x.!
xxx. 당신뿐이야

하지만 그 분이 경선에서 떨어지는 바람에 희망사항에 그치고 말았다. 그 데모 녹음 분은 지금 나의 컴퓨터에만 저장되어 있다. 그래도 무명인 내 노래가 선거 캠페인 송으로 검토되었다는 사실 자체만으로도 나는 너무 감사했고 또 언젠가 기회가 올 것이라 확신하고 있다.

## 뮤지컬 배우, 그리고 성악가의 꿈

정식 뮤지컬 배우까지는 아니다.
교회 행사에서 뮤지컬을 하게 되었는데 나름 주인공에 버금가는 배역을 맡아 처음으로 진짜 뮤지컬을 경험해 보았던 정도다. 그래도 내가 조금 소질은 있어 보였던지 지금은 돌아가신 탤런트 김자옥 선생님께서 나를 보시면서 "진짜 뮤지컬 배우인 줄 알았다."고 하셨다.

'내가 소질은 좀 있는 건가?'

아무튼 함께 출연했던 분들 중에는 국립합창단에 계시거나 정식 가수이신 분, 성악을 전공하신 분들이 많았다. 그 중의 한 명은 진짜 뮤지컬 배우가 되었고, 이름만 대면 알 정도로 그런 유명한 현역 뮤지컬 배우다.

그래서 나도 나름 뮤지컬 배우다.^^

자랑처럼 들리겠지만 목소리만큼은 성우 분들 못지않게 정말 자신 있었다. 와이프도 얼굴을 보기 전에 전화상의 목소리로 먼저 만나게 되었고 일주일을 매일 같이 통화하다가 발전하여 결혼까지 하였는데, 한 마디로 목소리에 반했다고 했다.

(그 당시 지금의 아내는 나를 직접 만나고 난 다음 목소리와 얼굴이 매칭이 안 돼서 적응이 안 된다는 이야기를 자주 했다.)

편하게 지냈던 여자 친구들은 나보고 "얼굴은 보여주지 말고 전화통화만 하라."는 이야기를 했을 정도로 목소리는 자신이 있었다. 게다가 통 베이스 목소리, 일명 목욕탕 목소리다.

나는 초등학교 시절과 고등학교 시절에 합창단 활동을 했다. 그러다 보니 성악 발성이 제법 익숙한 편이다. 그리고 자연스레 성악을 접하기가 쉬웠다. 음대 교수님들과 여러 성악가 분들로부터 아까운 목소리라며 "아직 늦지 않았으니 지금이라도 정식으로 성악을 배워 보라."는 권유를 많이 받았다.

하지만 이것 역시 나보다 훨씬 잘하고 대단한 사람들이 얼마나 많은데 조금 흉내 낼 줄 아는 것으로 명함이나 내밀 수 있을까 싶어

자만하지 않기로 했다.

  그래도 꿈은 버리지 않았다. 그 이후 교회 성가대로 활동하게 되었고 어떤 때는 비록 합창이지만 세종문화회관, 예술의 전당 무대에도 섰다. 또 어떤 행사 무대에서 성악곡을 부르기도 하였다. 그리고 교회의 특송(특별찬송) 자리에서도 가끔 혼자 독창을 하였다.

  정식으로 활동하는 성악가는 아닐지라도 이렇게 성악가 노릇을 하며 보람을 느낄 수 있다면 그것으로 족하지 않을까. 꿈의 무대가 앞에 있고, 그 무대를 밟을 수 있으니까.

## 언론에 보도가 되고 라디오에 출연하다

  누군가에게는 별일 아닌 것 같지만 나에게는 대단한 일이 일어났다.

  먼저 내가 가수로 정식 데뷔하자 태어난 고향인 상주의 지역신문에서 관심을 가져주었다. 내 이름 석 자로 기사가 났던 것이다. 그리고 뒤를 이어 내가 살고 있는 안양의 지역신문에 기사가 나더니, 그 다음에는 경기도 전역을 대상으로 발행되는 일간신문에서도 기사를 실어주어 점점 지역이 넓혀졌다. 그리고 지난해에는 드디어 중앙 일간지에 기사가 났다.

  또 안양시청에서 발행하는 잡지를 시작으로 2~3군데 잡지에서 3~4페이지에 걸친 특집 인터뷰를 실어주었다. 이런 기사가 연예 활동을 하는 사람에게 감로수(甘露水) 역할을 하는 것은 두말할 나위도 없다. 특히 나처럼 본업은 본업대로 열심히 하면서 시간을 쪼개 재능기부와 봉사를 하는 사람에게는 큰 힘이 되기에 충분하다.

  기사를 읽으면서 나름 연예인으로 발돋움하고 있구나 하는 생각에 뿌듯한 느낌이 들기도 한다. 이 자리를 빌려 시간도 부족하고 재주도 모자라는 나에게 관심을 가져준 모든 언론사와 기자 분들께 진심으로 감사의 인사를 드린다.

무대 위에서 성심으로 베푸는 활동을 해나가면 인지도 높은 중앙 일간지 중에서도 눈 밝은 신문사에서 연락이 오지 않을까 하는 생각도 감히 해본다.

(어디서 이런 자신감이 나오는지는 나도 모른다.^^)


이쯤해서 라디오 이야기를 하지 않을 수 없다.

나는 어린 시절 지역 MBC <별이 빛나는 밤에> 왕(王) 애청자였다. 당시에는 라디오에 엽서를 보내거나 사연을 보내서 DJ가 읽어주는 것이 유행이었다. 나 또한 내 이름이 방송을 타는 게 신기해서 많은 엽서를 보냈고 일부 채택되어 소개되기도 했다.

또 어떤 때는 라디오 프로그램 진행 중에 전화를 걸어서 참여하는 데도 관심이 많았고 여러 번 연결되어 목소리가 나오기도 했다. 그래서 상품도 여러 번 탔던 기억이 있다.

말 타면 견마 잡히고 싶다든가? 이제 <상남자야>를 불러 가수도 되었으니 나름 가수의 이름을 달고 라디오나 TV에 이름을 알리고 싶은 욕심이 생겼다.

하지만 방송에 직접 출연하는 것이 결코 쉽지 않은 줄은 잘 알고 있었다. 그런데 신기하게도 나에게 그 불가능하게 보이던 일이 현실로 이루어졌다.

울산 지역 라디오에 게스트로 1시간여 출연하게 되었다. 그리고 또 부산 지역 라디오에 30여분을 출연하였다. 또 두어 개 방송국의 라디오를 통해서 나의 타이틀곡인 <상남자야>가 전국방송을 타게 되었다. 지인들이 라디오에서 내 노래를 들었다며 전화를 걸어주기도 했다.

어느 주말에는 이런 일도 있었다.

어느 방송국 예능 프로그램을 시청하고 있었는데 내 노래가 10초정도 흘러나오는 것이었다. 처음에는 내 핸드폰의 벨소리인 줄 알고 핸드폰을 쳐다보았는데 그게 아니었다. 알고 보니 어느 시골 장터에서 예능 프로그램을 녹화할 때 마침 그곳에 내 노래가 울려 퍼지는 바람에 촬영 도중에 자연스레 녹음이 되었던 것이다.

라디오 방송이 제 발로 내 노래를 찾고, 노래를 부른 가수를 찾는 그날이 진정으로 꿈이 이루어지는 날이겠지만, 열망을 가지고 기다린다면 불가능할 까닭이 어디 있으랴.


## 나도 팬클럽 있어요

정식 팬클럽이 생긴 것은 물론 아니다.

팬클럽이라기엔 너무 거창해 보이지만 나와 나의 가수 활동에 관심을 가져 주시는 분들이 상당히 많다는 것이다.

스스로 '이제윤 팬클럽'을 자청(自請)하시는 분들도 많다. 관심을 가져주시는 것만으로도 SNS 홍보와 입소문에서 천군만마의 응원군이 된다.

때때로 내 생일이나 중요한 기념일에 느닷없는 축하 인사와 깜작 놀랄 선물로 감동을 주는 분들도 있고, 누구보다 나를 앞서 챙겨 주시는 분들의 열정으로 봐서는 결코 인기가수의 팬클럽이 부럽지 않을 정도다.

같은 아파트의 주민들을 비롯하여 고등학교 선후배님들, 이런저런 인연으로 만난 지인들까지 스스로 나의 팬클럽이라고 말해 주시는 분들이 적지 않다. 조용필 팬클럽, 빅뱅 팬클럽, 트와이스 팬클럽도 처음에는 이렇게 출발하지 않았겠는가.

언젠가는 '대사모'가 정식으로 발족할 날이 오지 않을까.

대발보쓰를 사모하는 모임. 내 별명이 '대발보쓰', '대발이'다.

## 천생배필과 특별한 프로포즈

아내를 만난 것은 2007년 1월이었다.

소개시켜 주시는 분으로부터 서로 연락처만 받고 목소리로만 1주일 동안 먼저 만났다. 얼굴도 본 적이 없는 사이인데 매일 2시간씩 통화를 했다. 뭔가 잘 통했다. 너무 잘 통해서 혹시 서로의 얼굴을 보고 실망할까 싶어 만나기 하루 전날 통화하면서 내가 제안을 했다. 물론 나에 대해 실망할까 봐 더 두려웠기 때문이다.^^

"우리 서로 얼굴이 맘에 안 들더라도 세 번은 더 만납시다."

아내도 흔쾌히 동의를 했다. 그리고 혹시나 내 얼굴에 대해 어떤 기대라도 할까 싶어 예방책이랍시고 이런 이야기까지 했다.

"제 얼굴은 살찐 방송인 남희석이라 생각하십시오."

(절대로 외모 비하가 아니다. 진짜 남희석을 닮았다는 이야기를 자주 들었기 때문이다.)

미리 귀띔을 해주었는데 나중에 아내는 이렇게 이야기했다.

"접대용 멘트인 줄 알았다. 근데 진짜더라."

목소리를 들어보고는 얼굴을 정말~ 정말~ 기대하고 나왔다는 것이다. 아무튼 만나기로 약속한 장소인 강남역 근처의 어느 레스토랑으로 나갔는데, 처음 얼굴을 보는 순간 서로가 할 말을 잊을 정도였다. 서로 실망감을 감출 수 없었기 때문이다.

아내 역시도 목소리에 비해 얼굴은 너무 아니라고 생각했고 나 역시 아내의 목소리가 좋아 기대 아닌 기대를 했는데 외모의 스타일이 서로 어울리는 스타일이 아니어서 그냥 한 번 만나고 안 볼 사이라고 생각했던 것이다.

그래도 내가 먼저 이야기한 바도 있고, 아내 역시 그러자고 동의한 바가 있어서 세 번은 만나야 할 것 같았기 때문에 일단 처음 만나던 날 식사를 하러 다른 곳으로 가자고 내가 아내에게 제안했다. 좀 멀기는 한데 분위기도 좋고 괜찮을 것이라고 했더니 아내도 흔쾌히 좋다고 하면서 따라나섰다.

아내를 데려갔던 곳은 알고 보니 아내가 꼭 다시 와보고 싶어 했던 그런 장소였다. 더욱 신기한 것은 나의 절친이 불과 1주일 전에 나에게 소개시켜 준 곳이었다.

"나중에 여자 친구 생기면 꼭 가봐. 오늘은 그냥 밥이나 사줄 테니."

그래서 연인들이 가는 곳에서 남자 둘이 밥을 먹었던 것이 1주일 전이었다. 아무튼 그렇게 처음 만나고 나서 약속한 두 번째, 세 번째까지 만났는데 싫지가 않았다. 자연스럽게 자주 만나게 되었고 연인이 되었다.

천생연분이 바로 이런 경우가 아닐까 싶을 정도로 그 다음은 일사천리였다. 장모님께서도 나를 처음 보시자마자 너무 맘에 들어 하셨고 당시 미국에 계시던 아내의 삼촌이 잠시 한국에 들어오셔서 나를 보셨는데 바로 오케이를 하셨다고 한다.

그렇게 만나서 <10월의 어느 멋진 날에>를 내가 직접 부르며 우리는 결혼을 하였다.

사실 내 로망 중의 하나가 결혼할 때 프로포즈를 남들보다 특별

하게 해주자는 것이었다. 별명이 '이벤트'인 만큼 아내를 감동시킬 만한 프로포즈를 준비하기로 했다.

통상 여자들이 프로포즈할 때 알아챈다고 하는데 못 알아채게 하는 것이 관건이었다. 아무튼 일단 강남 논현동 소극장을 하나 빌렸다. 그곳에서 이벤트를 진행하기로 하고 스토리를 다음과 같이 구성했다.

내 친구가 독립영화를 하는데 논현동 소극장에서 발표회를 가지기로 했다. 친구가 초대를 해서 가보려고 하는데 같이 가자. 그리고 도착하기 전에 군데군데 관객1, 관객2, 관객3, 관객 4, 그리고 영상을 틀어줄 엔지니어가 필요했다. 그래서 친하게 지내는 회사 후배들에게 부탁했다. 그리고 함께 들어가서 지정좌석에 자연스럽게 앉힌다. ……그리고 독립영화를 만든 친구 좀 잠시 만나고 온다며 자리를 비워 혼자 있을 때 스크린에서는 아내를 위한 영상이 상영된다. 물론 처음부터 아내의 영상이 나오면 극적 효과가 떨어지기 때문에 CF 선전 몇 개를 틀어준다. 그 다음에 아내에게 보내는 메시지 영상을 틀어주고 영상이 끝나면 내가 꽃다발을 들고 무대 위로 올라가 <10월의 어느 멋진 날에>를 직접 불러준다. 그리고 무릎을 꿇고 꽃다발을 전한다.

대간 이런 설정이었다. 나의 생각대로 진행은 잘 되었고 아내는 결국 눈물을 흘렸다. 회사 후배들이 박수를 치는 것으로 마무리…….

나의 프로포즈 기획은 대성공이었다.

## 안양에서는 나름 유명인

　내가 살고 있는 경기도 안양 지역에서는 나름 알아보는 사람들이 종종 있다. 그렇다고 유명 연예인 급으로 대단히 인기가 좋다는 말은 아니다. 이런저런 활동을 많이 하다 보니 그저 아는 사람이 많다는 정도다.
　안양 지역의 식당에는 내 사인도 종종 걸려 있다. 어떤 식당에는 내 사진과 사진이 동시에 걸려 있기도 하다. 그래서 내 사인을 보았다고 지인들이 가끔 연락을 해오곤 한다.
　식당 주인 분들이 먼저 나를 알아보고 사인을 해달라고 하는 것이라면, 그래서 그 사인이 식당에 걸린다면 얼마나 좋을까? 그런데 절대 그런 건 아니다. 식당의 주인 분들은 나를 알아보지도 못하시는데 굳이 내가 해주겠다고 나서서 나도 연예인이라고 굳이 강조하면서 사인을 해드린다. 그래도 식당에 걸어 주는 것만으로도 감사할 뿐이다.
　처음에는 억지 춘향이 격으로 어색하게 만났지만, 그런 식당 주인 분들과도 이제는 친분이 쌓여서 갈 때마다 유명 연예인 이상으로 나를 반겨주신다. 그리고 특별 서비스로 대접해 주시는 경우도 많다.
　시장 안에 있는 칼국수 사장님은 보통을 시켜도 곱빼기만큼 주신다. 나는 이것을 우스갯소리로 연예인 할인이라고 이야기하지만 절대 그런 것은 아니고 그동안 쌓인 친분으로 그렇게 대접해 주시는 것이다.
　안양의 지역신문과 안양시청에서 발행하는 잡지에도 자주 보도가 되어서 그런지 아무튼 안양에서는 나름 유명인이다.

## 유명인을 만나다

그동안 지방에서 살다보니 소위 TV에 나오는 유명인을 만나기가 쉽지 않았다. 다른 세상 사람들이라 생각했던 것. 물론 콘서트라든지 행사에서 가수나 탤런트들이 와서 얼굴은 본 적이 있지만 실제로 알고 지내는 경우는 쉽지 않았던 것이다.

근데 확실히 서울은 틀렸다. 물론 지방을 무시해서가 아니라 만날 수 있는 기회가 서울 쪽이 많았다는 것.

아무튼 처음으로 TV 나온 사람을 알게 되었다.

다름 아닌 어느 대기업 TV CF 광고에서 탤런트 이영애 씨와 함께 출연했던 여자 모델. 너무 신기했다. 유명인은 아니지만 그래도 TV에 나온 모델을 안다는 게 너무 신기했던 것. 아는 정도가 아니라 친했던 터라 그런 사람과 친하다는 게 왠지 으쓱한 기분이라고나 할까?

그 이후에 고인(故人)이 되신 탤런트 김자옥 선생님을 같은 성가대에서 섬기게 되면서 아주 유명한 분도 알게 된다. 김자옥 선생님은 자신이 직접 출연하셨던 KBS2TV 주말드라마 <오작교 형제들> 실내 세트장 구경도 시켜주셨다. 그러면서 남편분인 가수 오승근 님도 자연스럽게 두세 번 뵈었다.

어느 날 김자옥 선생님이 교회에서 내가 행사 진행하시는 것을 보시고는 "이제윤 저 친구는 지금 당장 케이블 가도 MC로서 충분히 괜찮을 것 같다."며 칭찬도 해주셨던 기억이 있다. 또한 가수로 데뷔했다고 말씀드리니 "힘든 길인데………."라며 위로도 아끼지 않으셨다.

그 이후로 이름만 대면 아는 여러 명의 MBC, KBS 등 유명 아나운서 분들도 알게 되고 TV로만 보아왔던 여러 가수 분들도 가끔 연락하며 지내고 있다. 또한 KBS 개그콘서트 출신의 개그맨 분들도 자주 연락하고 있다.

이런 유명한 분들을 아는 것이 대단한 벼슬은 아니지만, 또한 자랑하려는 것은 절대 아니지만, 나 같은 보통 사람이 그런 분들을 안다는 게 그저 신기하여 몇 자 적어 보았다. 그리고 그저 감사하여 한 단락을 써본 것이다.

**넷째 마당**

# 나는 농부로소이다

## 군대 농부

늦둥이로 태어난 나는 부모님의 농사일을 돕는 일에서 항상 열외가 되었지만, 부모님과 함께 있는 것이 좋아서 꼬맹이 시절부터 논밭으로 부모님을 쫓아다녔다.

그래서일까? 농사에 대한 관심이 높다. 농부의 아들로 태어나 농사 일이 낯설지 않기는 하지만 농사를 전문으로 지을 능력은 안 되고 자그마한 텃밭이나 가꾸며 사는 것이 로망이다.

군대에서 나의 보직은 사단에 물자를 보급하는 행정병이었고, 훈련보다는 사무실에서 근무하는 시간이 대부분이었다. 26개월이라는 군복무 기간을 의미 있게 보내고 싶었다. 어차피 군대생활은 해야 하니까 시간도 빨리 가고 하루하루를 재미있게 보낼 방법이 필요했다.

때마침 내가 근무하는 사무실 뒤편에 넓은 풀밭이 있었다. 100여 평 남짓의 풀밭을 개간하기 시작했다. 잡초를 뽑고 돌을 골라내자 풀밭이 어엿한 밭으로 탈바꿈했다.

부대 식당에 잔반을 가지러 오는 아저씨나 간부들에게 다음날 들어올 때 야채 씨앗을 가져오라고 부탁하곤 했다. 100여 평이나 되다 보니 이것저것 많은 것을 심을 수 있었다.

물론 업무시간에 이런 일을 한 것은 아니다. 점심시간이나 병사들 쉬는 시간을 이용해서 농사를 짓기 시작한 것이다. 아무튼 씨앗을 심고 물을 주고 거름도 주고 하다 보니 하루하루 야채들이 쑥쑥 자랐다.

야채들이 자라는 것을 보는 재미에 하루하루가 즐거웠다. 야채를 수확해서는 부대원들과 나눠 먹었다. 부대 내의 식당에 주기도 하고 200여 포기 배추를 심어 간부들에게 챙겨드리기도 했다. 그리고 부대 내의 교회에도 갖다 주었다.

훈련 상황으로 비상이 걸리면 혹시나 다른 부대원들이 애써 키워 놓은 야채를 밟을까 봐 이것저것으로 덮어 피해를 줄인답시고 비상 걸리기 직전에 나는 누구보다 바빴던 기억도 있다.

사무실 앞마당에는 직접 돌들을 옮겨 경계석을 만들어 꽃씨를 뿌리고 예하 부대원들이 와서 편하게 쉴 수 있도록 탁자와 의자도 직접 만들어 주었다.

이렇게 하다 보니 지겹다고 생각할 만한 군대생활에 활력이 넘치기 시작했다. 애써 키운 것을 다른 사람들과 나눌 수도 있어서 뿌듯하기만 했다.


## 회사 농부와 도시 농부


금강공업(주) 부산공장에 입사하고 어느 정도 적응될 무렵 군대시절의 추억이 새삼 떠올랐다. 때마침 부산공장 울타리 사이로 작은 공터들이 조금 있었다. 그래서 공장장님께 말씀드리고 또 그곳을 개간하기 시작했다. 이 일도 역시 점심시간이나 업무를 마친 다음에 했다.

퇴근 무렵에 씨앗과 퇴비를 구매하고 땅을 일구었다. 어떤 때는 고약한 퇴비 냄새가 공장 전체에 진동하는 바람에 당황스러운 적도 있었다. 그렇게 매일 정성을 들여 가꾼 야채들을 수확할 수 있었다. 수확한 야채들은 점심시간 구내식당 식탁에 올라 직원들과 나눠 먹었다. 토질이 좋지 않고 공간이 협소해서 많은 분들이 먹지는 못했지만 그래도 야채를 나눠먹는 데 큰 보람을 느꼈다.

진천공장으로 발령을 받고서도 농사를 지었다. 휴일에 부산까지

가기는 힘들다보니 그 동네 분께 부탁을 드려 땅을 조금 빌린 다음 농사를 지었다. 거기서도 주말마다 농사를 지으며 활력을 찾을 수 있었다. 땅은 거짓말을 하지 않는다는 평범한 진리도 깨달을 수 있지만, 땅을 일구며 땀을 쏟는 생활이 일상의 리듬을 활기차게 만들어 주었다. 물론 6개월 만에 서울로 발령을 받으면서 진천공장에서의 농사일도 끝을 맺었다.

서울로 발령받아 올라왔다고 농사꾼 기질이 사라지는 것은 아니었다. 서울로 올라온 다음해, 당시의 팀장님에게 팀원들과 주말농장을 해보는 것이 어떠냐고 제안을 했다. 다행히 팀장님도 좋다고 하셔서 팀원들 몇 명이 함께 회사 가까이 있는 주말농장 10평을 분양받았.

주말농장으로 달려간 첫날은 모두들 의욕적으로 함께 일하기 시작했지만 시간이 흐르자 결국 나 혼자만 농장에 다니는 모양이 되어 버렸다. 그때 결혼 전이었던 와이프를 만날 즈음이었는데 주말농장에서 데이트를 하는 것이 다반사였다.

그렇게 한해를 하다가 회사보다는 집 근처에서 주말농장을 하면 좋을 것 같아 과천의 주말농장에서 농사를 짓게 되었다. 이미 농사를 지어봤던 터라 40여 평을 분양받았다. 주말농장을 분양받은 다른 농사꾼들이 내 밭에 견학을 오는가 하면 주말농장 사장님조차도 주말농장의 농사꾼들이 농사에 대해 질문하러 오면 내가 더 잘 안다고 나에게 보냈다.

어느 해부터인가는 우리 아파트 주민들과 주말농장을 함께 운영하면 좋을 것 같아 분양자를 모집했다. 그런데 20세대만 모집하려 했던 애당초의 계획을 넘어 50세대까지 모집이 되었다. 같은 아파트의 주민들과 함께 주말농장을 해보니 친하게 지낼 수도 있고 마을 공동체의식 등 새로운 문화도 만들어지는 것 같아 보람을 느낄 수 있었다.

내가 도시농부라는 사실이 알게 모르게 알려지자 어느 날 아는 분께서 본인 소유의 공터가 부근에 있는데 무료로 임대해줄 테니 농사를 지어 보겠느냐고 했다. 연락을 받고는 두말할 것 없이 바로 승낙을 하고는 그 다음해부터 농사짓는 장소를 옮겼다.

땅이 무려 500평에 달했는데, 100여 평은 다른 분들이 농사를 짓도록 무료로 나눠 드리고 나머지 400여 평의 농사는 지금까지 내가 직접 짓고 있다. 말이 400평이지 직장생활을 하고 있는 나로서는 사실 여간 버거운 일이 아니었다.

그래도 매주 주말이나 휴일이면 아침 5시에 일어나서 밭으로 향했고 평일에도 밭에 들러 잠깐씩 일을 한 다음 출근하기도 했다. 그나마 밭이 출퇴근하는 길목에 있어 다행이었다. 그렇게 4년 남짓 전문 농부 못지않게 농사를 지었다. 이렇게 농사지어서 무엇을 했는지는 뒤에서 알려드리겠다.

직접 원두막도 만들었는데, 주말이나 휴일이면 지인들의 일일 캠핑장소가 되었다. 친한 친구들, 회사 사람들, 아파트 주민들, 학교 선후배님들, 교회 분들까지 찾아오는 그곳은 많은 분들의 휴식처와 사랑방 역할을 톡톡히 하고 있다.

농부 이야기를 쓰다 보니 또 한 가지 에피소드가 생각난다.

보통 토요일 아침 6시나 7시쯤이면 밭으로 향했다. 어차피 땀을 흘리기 때문에 일어나자마자 세수만 하고 작업복과 장화 차림으로 바로 밭에 나간다. 어느 날인가도 여느 토요일처럼 아침 일찍 일어나 밭으로 향했다.

승용차를 끌고 아파트 정문을 나오는데 버스 정류장에 많은 학생들이 교복을 입은 채 버스를 기다리고 있었다. 다음 정류장에도 학생들이 많이 서 있기에 '오늘 현장학습 가는 날인가?', '보충수업이 있나?' 하고 대수롭지 않게 생각하며 지나쳤다. 그런데 그 다음 정류장을 지나갈 무렵 뭔가 나를 일깨우는 것이 있었다.

'아, 오늘은 토요일이 아니라 금요일이구나.'

부랴부랴 집으로 돌아가 씻고 회사로 갔지만 결국 지각을 하고 말았다.

아무튼 나는 이제 당당한 도시농부다.

## 응급실로 실려 가다

몇 년 전에 있었던 일이다.

한참 농사일을 하고 있는 도중에 비닐 하나가 보이기에 아무 생각 없이 비닐봉지를 주워들었는데 그게 땡벌 집이었다. 순간 벌침 몇 방을 손목에 쏘였다.

손목 부근이 따끔거리면서 부어올랐다. 그래도 참을 만한 것 같아 병원에도 안 갔는데 하루정도 지난 그 다음날 저녁 갑자기 몸 전체에 한기가 돌았다. 이상하다 싶어 아내에게 바로 응급실로 가자고 했고, 운전도 아내가 하여 집 근처 병원의 응급실에 도착하자마자 갑자기 열이 오르더니 식은땀이 줄줄 흐르기 시작했다.

그리고 잠시 후 체온계가 40도까지 육박하였고 나는 순간 정신까지 혼미해졌다. 이러다 죽는구나 싶었다. 의사와 간호사가 급하게 해열제 주사를 놓고서야 다행히 안정은 되었다. 결국 나흘 정도 입원하고서야 퇴원할 수 있었다. 당시 면역력이 약해져서 벌침의 독이 몸 안에 퍼졌던 거라고 했다.

최근에는 벌레에 여러 군데 물렸는데 이번에도 면역력 저하로 또 응급실 행. 아내가 다시는 농사일 하지 말라고 화를 냈지만 내

발은 어느새 밭으로 향하고 있다. 대신 이제 조금씩 쉬엄쉬엄하는 것으로 약속!!

그런데 이제 와서 이야기지만 원래 내가 1년에 한 번씩은 꼭 감기에 걸렸는데 그 벌에 쏘이고 난 후부터 신기하게 몇 년 동안 감기가 걸리지 않는다. 봉침의 효과인가?

## 다섯째 마당

## 내 집 마련의 꿈과 세컨드 하우스

## 21평 아파트 전세와 전세 값 폭등

자취를 시작하고, 그러다가 직장을 다니게 되었고……열심히 돈을 모았다. 그리고는 형님들에게 자취방 얻느라고 빌렸던 6백만 원은 모두 갚아드린 후, 전세 600만 원짜리 단칸방에서 좀 더 큰 천만 원짜리 단칸방으로 살림을 늘렸다.

그리고 또 1~2년이 지난 다음 그토록 원했던 원룸으로 이사를 했다. 욕실이 있고 화장실도 방안에 있는 곳을 얼마나 원했는지 모른다. 세상을 다 가진 듯했다. 그리고 또 계속 열심히 돈을 모았다. 냉장고며 세탁기며 전자제품도 주워서 썼다. 월급의 대부분은 저축을 했다. 남들만큼 살기 위해서는 아니 남들보다 잘 살기 위해서는 아껴 쓰는 방법밖엔 없었다.

'아나바다'라고, 아껴 쓰고 나눠 쓰고, 바꿔 쓰고, 다시 쓰자는 구호도 있거니와 주워서 쓰고 빌려서 쓰고 얻어서 쓰더라도 전혀 비굴하게 생각되지는 않았다. 그렇게라도 살아갈 수 있음에 감사할 뿐.

아무튼 은행에 통장이 하나하나 늘어가고 잔고가 조금씩 쌓이는 것에 감사하고 또 감사했다. 그렇게 돈을 모아서 드디어 그토록 원했던 21평 아파트를 전세로 얻어 이사를 가게 되었다. 비록 전세이지만 스스로 아파트 전세 구할 돈을 마련했다는 사실이 대견스러웠다.

사실 혼자 쓰기에는 21평 아파트가 좀 큰 편이었다. 그래서 같은 회사에 다니는 동갑내기 친구에게 아주 저렴한 비용만 내고 함께 살자고 했다. 지방에서 올라왔던 그 친구도 흔쾌히 좋다고 하여 두 남자의 동거가 시작되었다. 친한 친구 간에 자취를 같이 하게 되면 우정이 깨진다는 이야기도 있었지만 우린 더 가까운 사이가 되었다.

33살에 결혼을 하게 되었다.

아내와 1년 정도를 만나다가 이 여자다 싶어 결혼까지 왔다. 열심히 모은 덕분에 저축과 자산이 1억 원쯤 되었다. 남자 혼자서 1억 원이라는 돈을 모으기는 결코 쉽지 않을 것이다. 집안의 도움을 전혀 받지 못하는 형편이라 일부 은행의 힘을 빌려 결혼 준비자금을 마련하고 신혼집을 구했다. 이자 부담 때문에 안양 평촌 21평 아파트에서 단출한 신혼생활을 시작했다.

2년 후에는 24평 아파트로 다시 이사를 하였다. 좀 더 넓은 집으로 가는 것이 꿈만 같았다. 그런데 2년이 지나 재계약을 할 때 전국적으로 전세대란이 일어나 전세 값이 폭등하는 악재를 나 역시 피할 수는 없었다.

집주인이 수천만 원을 올려달라고 했다. 당장 가지고 있는 돈이 없었다. 그렇다고 누구에게 의지할 곳도 없었다. 그래서 주인에게 전화를 해서 조금만 깎아주면 안 되겠느냐고 사정을 했다. 안 된다고 했다. 5백만 원만 깎아주면 안 되겠느냐고 또 사정했다. 단호히 안 된다고 했다. 이제 구구절절 내 인생 스토리까지 이야기하면서 1백만 원이라도 깎아주면 안 되겠느냐고 통사정을 했지만 결국 돌아오는 답변은 똑같았다.

주인 입장도 충분히 이해는 했지만 처음으로 한숨을 내쉬었다. 집 없는 설움이 이런 것인가 하고 처음으로 느껴 보았다. 결국 내가 의지해야 할 곳은 단 한 곳, 은행뿐이었다. 다행히 은행에서 전세자금 대출을 할 수 있었다. 결국 전세대란으로 폭등한 수천만 원은 은행의 힘을 빌려 해결해야 했다.

이 이야기를 나중에야 부산에 있는 친한 형님에게 이야기했더니 "진작 이야기했으면 1~2천만 원은 내 돈으로도 빌려줄 수 있었는데." 하셨다. 말만으로도 정말 감사했다. 사실 돈을 빌려준다고 선뜻 이야기하기가 얼마나 힘이 드는지는 모두가 공감할 것이다.

이 형님과는 지금 의형제로 지낸다. 현재 부산은행 본사 리스크 관리팀 부부장 권순호 형님, 감사합니다.^^

## 내 이름 석 자로 아파트 분양받다

부산에도 아파트가 많지만 서울에는 정말 아파트가 많았다.

처음 발령을 받고 서울로 올라온 날, 한 가지 굳은 결심을 했다.

"저 많은 아파트 중에 왜 내 아파트는 없을까? 그래, 저 많은 아파트 중의 하나는 무조건 내 것으로 만든다."

꿈도 야무졌다. 서울이나 수도권에서 내 집을 마련한다는 것이 어디 쉬운 일인가. 누군가의 도움 없이 스스로 벌어서 내 집을 마련하기란 그야말로 하늘의 별 따기였다. 그런데도 나는 자신만만했다. 무조건 아파트가 생길 거라고 확신했다. 그때나 지금이나 늘 들이대는 자신감이자 긍정의 마인드 덕분이라고 하자.

직장생활을 하면서부터 청약저축에 가입하고 단 한 번도 빠지지 않고 매월 불입(拂入)했다. 불입 회수는 90여 회가 되었지만, 아파트 당첨도 쉽지 않은 데다 당첨되었다 하더라도 분양대금을 낼 형편도 안 되었다. 그렇다 하더라도 뚫어지게 관심을 가진 한 곳이 있었다. 바로 지금 살고 있는 집이다. 서울 접근성도 너무 좋고 무엇보다 관악산 자락이라 당첨만 된다면 정말 살기 좋은 아파트라 여겨졌다. 그래서 이곳의 분양 날만 손꼽아 기다렸다.

드디어 아파트 분양 접수하는 날, 아내와 집을 나서며 간절히 기도를 했다. 너무 신기했던 것은 이 무렵에 '생애 최초 특별 분양'이라는 제도가 생겼다. 나도 자격 요건이 되었다. 그래서 일반분양에서는 가능성이 없을 것으로 판단하고 '생애 최초 특별 분양'을 신청했다. 게다가 분양가도 생각보다 아주 저렴해 보였다.

점점 나를 돕는 것 같은 느낌이랄까? 아무튼 아내와 함께 평형을 고르고 이왕이면 34평으로 하자고 결론을 낸 뒤, 자신 있게 접수하는 사무원에게 서류를 제출하고 나왔다. 당첨되면 좋겠지만 당첨되어도 문제였다. 싸게 분양은 되었지만 대출을 받게 되면 이자가 부담이 되지 않을 수가 없었다. 그 걱정은 그때 가서 하자고 생각하며 발표 날만 기다렸다.

드디어 아파트 분양 당첨자를 발표하는 날이 다가왔다.

자정인 밤 12시에 인터넷을 통해 발표가 되었다. 정말 이렇게 가슴 졸이기는 처음이었다. 밤 11시 50분부터 떨리는 마음으로 광 클릭을 시작하였다. 12시 땡하고 클릭하는 순간, "이제윤 님! 당첨 축하드립니다." 하는 메시지가 떴다.

이 메시지를 보는 순간 정말 세상을 다 가진 듯했다. 정말 미친 듯 팔짝팔짝 뛰었다. 너무 기뻐서 아내와 소리를 고래고래 질렀다. 말 그대로 꿈인지 생시인지 몰라, 아니 잘못 본 것은 아닌가 하는 마음에 몇 번이고 모니터를 쳐다보았다. 생시였다. 잘못 본 게 절대 아니었다. 그 희열의 순간은 아직도 잊을 수가 없다.

이제 아침 8시인가에 동과 호수를 결정하는 일이 남았다. 출근도 보통 때와는 다르게 얼른 했다. 또 한 번의 가슴 두근거림을 경험해야 했다. 다시금 말 그대로 폭풍 클릭에 들어갔다.

'제발, 제발, 좋은 곳에……'

발표되는 그 순간, 내 눈을 의심하지 않을 수 없었다. 아파트단지에서 가장 로얄 동(棟)이라 할 수 있는 곳, 게다가 소위 로얄 층(層)이라 불리는 곳에 당첨이 되었던 것이다.

인생에 있어 이렇게 기쁜 날은 처음이었다. 또 한 번 은행의 힘을 빌려 중도금 납부도 잘하였고 살고 있던 전셋집도 입주하는 날에 때맞춰 빠지는 바람에 입주 시작하는 첫날 바로 입주를 할 수 있었다. 등기부 등본에 버젓하게 기록된 '소유주 이제윤'이라는 이름에 정말 감사하고 또 감사했다.

그렇게 내 집이 드디어 생겼다.

## MBC 라디오 여성시대에 소개된 내 사연

스스로 생각하기에도 어려운 가운데서 내 집을 장만한 내 이야기가 너무 기특하고 대견스러워서 구구절절 사연을 썼다. 그리고는 오전 10시에 하는 MBC 라디오 여성시대에 <6백만 원의 기적>이라는 제목으로 사연을 보내게 되었다. 남성시대 코너에 소개되길 바라면서.

단칸방부터 자취를 시작했던 사연이며 신문배달을 했던 사연, 당첨 사연까지 꾸밈없이 써서 보냈다. 그런데 보내고 나서 얼마가 지나도록 내가 보낸 사연이 소개되지 않는 것이었다. 방송 시간이 회사 근무시간이라 라이브로 들을 수는 없고, 날마다 '다시듣기'로 혹시나 내 사연이 소개가 되었는지 들어보았지만 한참이 지나도록 소개되지 않기에 그냥 물 건너갔나 보다고 포기하게 되었다.

그런데 어느 날 모르는 번호로 전화가 왔다.

누구냐고 묻자 MBC 라디오 담당자라고 했다.

"이제윤 씨에게 선물을 보내드리려고 하는데 주소를 확인하려고 합니다."

내 귀를 의심하며 되물었다.

"무슨 선물이요?"

"혹시 여성시대에 사연 보내지 않으셨나요?"

순간 '설마 내 사연이 소개되었단 말인가?' 하는 생각이 들자마자, 전화하신 분이 이야기를 이어갔다.

"사연 보내신 것이 소개되어 선물을 보내드리려 합니다."

"네에? 제 사연이 언제 소개가 되었나요?"

다시 물었더니 2010년 10월 31일에 소개되었다고 했다. 이야기를 듣자마자 전화를 끊고 홈페이지에 들어가서 '다시듣기'를 했더니 오메 내 사연이 진짜로 소개가 되었던 것이다.

MBC에서 보내준 선물은 공기청정기였는데, 입주(入住) 선물이라 여기며 지금까지도 잘 사용하고 있다.

## 동 대표를 연임하다

내 인생에서 내 이름으로 처음 가지는 아파트인 만큼 짓고 있는 아파트에 대한 애정도 누구보다 남달랐다. 당첨되고부터 일주일에 한두 번은 꼭 공사 현장에 들렀다가 퇴근을 했고 주말에는 아내와 함께 일부러 현장까지 차를 끌고 갔다. 한 층, 한 층 올라갈 때마다 고층인 우리 집은 언제쯤 공사가 될지 기다리고 또 기다렸다.

이렇게 기다리고 기다리던 아파트다 보니 누구보다 아파트 일에 앞장서게 되었다. 입주예정자모임에서 감사라는 직책을 맡았다. 당시 회장 직책이나 다른 직책을 맡았던 분들과 함께 모여 신나게 일을 했다. 직장인들이 많아 퇴근 후에 만나는 모임이었지만 피곤하지가 않았다.

모임은 대부분이 아파트가 잘 지어지기 위한 대책회의들이었다. 관공서나 건설사 등과 협의할 때는 무조건 앞장서서 논의를 했고 어떤 때는 선두에서 싸우기도 했다. 많은 노력 덕분에 아파트의 많은 것들이 바뀌었고 주민들도 좋아하게 되었다.

입주하면서 정식 입주자대표회의가 구성되었다.

나는 임기 2년인 동(棟)대표에 연속 2회 당선되어 나름대로 열심히 봉사를 했다. 아무 욕심도 없었다. 그저 주민들이 좋아하는 일을 하는 것만으로도 나에게는 최고의 보람이었다.

## 세컨드 하우스 이야기

시골에서 전원주택을 짓고 사는 것도 나의 로망 중의 하나다.
아니 도시에서 살아가는 많은 가장들의 로망일 것이다.

그래서 종편방송인 MBN의 <나는 자연인이다>를 빼놓지 않고 본다. 그렇다고 아직 창창하게 젊은 나이에 보따리 싸고 들어가서 산중 생활을 하는 것도 무리가 있으니 그저 동경만 할 뿐이다.

그래도 근교(近郊)에 세컨드(Second) 하우스 하나쯤 있으면 좋겠다는 꿈은 현실성도 있지 않겠는가. 월요일부터 금요일까지는 도시생활을 영위하다가 금요일 밤부터 주말까지는 전원생활을 하자는 것이다. 교회에 다니기 때문에 주일은 다시 도시에서 보내야 하고.

아무튼 나름대로 계획을 세우고 실행에 들어갔다.

한 살이라도 더 젊었을 때 꿈을 이루자는 것이다.

일단은 땅이 필요하다. 그렇다고 여유자금이 많지도 않다. 그래도 "땅은 지금 사는 것이 가장 싸다."는 것이 내 지론이라 1년을 넘게 조금 싼 가격으로 나온 땅을 찾아 주말마다 이곳저곳 찾아다니기 시작했다.

집에서 100km반경으로 너무 멀지 않아야 한다는 조건이다 보니 마음에 쏙 드는 땅을 찾기가 쉽지 않았다. 돈이 많으면 어디서든 쉽게 구하겠지만 꼬깃꼬깃 준비한 쌈짓돈으로 땅을 사려고 하니 정말 쉬운 일이 아니었다.

인터넷에서 계속 찾아보고 발품을 팔다가 집에서 그리 멀지 않은, 약 85km쯤 되는 곳에 있는 땅을 결국 구입하게 되었다. 하지만 건축비가 없어서 세컨드 하우스를 짓지는 못한다. 아니 현재의 내 입장에서는 분수를 모르는 과소비다.

그래서 나름대로 선택을 했다. 저렴한 가격으로 꾸며서 좋아하는 농사도 지을 수 있는 집. 바로 컨테이너다. 통상 공사장에서 많이 쓰고 있는 그 20피트 중고 컨테이너를 구입했다. 바닥전기와 난방시설까지 되어 있어서 금상첨화였다. 그것도 지인을 통해 아주 저렴한 가격, 거의 절반 가격에 구입을 했다. 20피트 크기면 6평 규

모이고 농막 허용 기준이 6평이기 때문에 집으로 취급받지 않아 법적 문제도 없다.

    비록 컨테이너지만 그래도 나의 세컨드 하우스가 생겼다.

    아무튼 금요일 저녁에 회사를 마치면 컨테이너 하우스로 달려가고 컨테이너 안은 나름 집처럼 꾸미기도 하였다. 나의 작은 새 보금자리, 일명 별장이 너무 마음에 들고 그 생활이 너무 행복하다. 그렇게 또 하나의 꿈을 이루었다.

여섯째 마당

## 나눔의 전도사

## 교도소를 찾아가다

내가 죄를 짓고 교도소로 간 것은 절대 아니다.

군대시절 새로운 경험을 한 적이 있었다. 당시 대대 군종병(軍宗兵)까지 겸직하고 있었다. 주말, 주일이면 군대 교회를 섬겼다. 그 중에 내가 하는 일은 매주 부대 내의 영창을 방문하여 수감자들을 위문하는 것이었다.

처음에는 솔직히 두려움도 있었다. 하지만 한 주도 빼먹지 않고 방문하다 보니 수감자들과 가까워지게 되었고 도리어 그들이 우리만 오길 1주일 내내 손꼽아 기다린다는 이야기에 감사함이 넘쳤다. 게다가 수감자들로부터 감사의 편지도 많이 받았다. 내가 누군가에게 도움이 된다는 자체만으로도 기쁘고 보람되었다.

지지난해에는 어느 단체와 연결되어 초대가수로서 안양교도소 수감자들을 위문하러 갔다. 물론 재능기부다. 출연료로 과자 꾸러미 한 상자를 받은 게 전부였지만 그래도 감사했다.

아무튼 이번에는 군대 영창과는 또 다른 느낌이었다. 교도관의 안내를 받으며 TV에서나 보던 철창 몇 개를 열고 들어갔다. 그렇게 강당에 들어가자 수감자와 수감자 가족들이 특별면회의 시간을 보내고 있었다. 거기에 모인 수감자들은 모범수라고 교도관이 귀띔해 주었다.

그래도 내 차례가 되었을 땐 나도 모르게 눈을 깔았다. 하지만 노래를 부르고 수감자들이 함께 박수치며 좋아해주니 어느새 내 마음도 열리게 되었다. 그래서 직접 하이파이브까지 하면서 노래를 불렀고, 그날 내 손뼉과 마주친 그들의 손도 따뜻했다.

앙코르 곡까지 부르면서 나름 보람 있는 시간을 보내고 돌아왔다. 이후 수감자들을 대상으로 설문조사를 했는데 그날 행사에서 가장 인기 있는 무대로 나를 꼽았다는 담당자의 전화를 받고 또 한 번 뿌듯함이 넘쳐흘렀다.

## 생명의 전화 자살예방 홍보대사

수원에 있는 '한국 생명의 전화'와 인연을 맺게 되었다.
'한국 생명의 전화'에서 매년 주최하는 자살예방, 생명사랑, 밤길 걷기 2부 서울 행사의 MC를 재능기부로 참여해 줄 수 있느냐는 관계자의 요청으로 첫 인연을 맺었다.
그 이듬해에도 서울 행사에 재능기부로 참여하게 되었고, 그 이듬해에는 수원 '생명의 전화'에 MC를 겸한 초대가수로 초청이 되었다. 그리고 그 다음해에는 마침내 수원 생명의 전화 자살예방 홍보대사로 정식 임명되었다.
홍보대사라고 하면 보통 인기가 많거나 유명하신 분들이 하는 것으로 알고 있는데 무명임에도 불구하고 홍보대사라는 귀한 직책을 맡게 되었다는 사실에 오늘도 감사함이 넘친다.

## 독거노인을 위한 나눔

부산에서 다녔던 교회의 대학부 회장을 맡고 있던 시절, 연말에 뜻깊은 행사를 하자는 의견을 모아 관내의 독거노인들을 위한 사랑의 쌀 나누기를 시행하기로 결정했다. 대학부 인원들끼리 십시일반 돈을 모아 그것으로 10kg들이 쌀 포대를 구매했다.
구청 관계자에게 대상자를 받은 후 교회 승합차에 쌀을 차곡차곡 싣고 독거노인 한 분, 한 분의 가정으로 향했다. 어르신들이 너무 고마워하며 우리 손을 꼭 잡아 주셨다. 어떤 분은 고이고이 묵혀 놓았던, 유통기한이 한참이나 지난 과자 한 봉지를 고마움의 표시로 우리에게 건네주시기도 했다. 유통기한이 너무 지나서 먹을 수는 없었지만, 그래도 뭐라도 대접하시려고 한 그분들의 성의를 아직까지 잊지 못하고 있다.

 2016년 연말에는 회사의 우리 팀원들에게 연말연시를 의미 있게 보내자고 제안했는데 팀원들도 흔쾌히 동참해 주기로 했다.

 마침 그해 초부터 나를 포함한 우리 팀원들 가운데 지각하는 사람들은 5천 원씩 벌금으로 내자고 해서 모아둔 돈을 연말에 결산해 보니 수십만 원이나 되었다.

 여기서 잠깐, 지각이라고 해서 회사 출근시간을 넘겨 출근한 것을 말하는 게 아니다. 회사의 출근시간은 아침 8시까지인데 솔선수범하자는 의미에서 우리 팀이 자체로 정한 7시 50분이 기준시간이었다.

 지각 벌금을 종자돈으로 일부 모자란 비용은 회사의 임원 분들을 직접 찾아가 행사의 의미를 전달하며 동참해 줄 것을 부탁드렸고 모두들 흔쾌히 5만 원, 10만 원씩 동참해 주셨다.

 이렇게 모은 돈으로 20kg들이 쌀 수십 포대를 구매했고, 주말에는 관공서에게서 미리 전달 받은 독거노인 어르신들의 가정을 일일이 방문하며 사랑의 쌀 나누기 행사를 가졌다.

 그 이듬해인 지난해 2017년에는 비슷한 형태로 돈을 모아 이번에는 '사랑의 이불 나누기' 행사를 진행했다. 함께 동참했던 팀원들도 좋은 일 했다는 사실에 뿌듯한 만족감을 얻었고, 나 역시도 세상에 필요한 존재가 되었다는 생각으로 감사함이 넘쳤다.

## 요양병원 어르신들과 정을 나누다

부모님이 모두 일찍 돌아가셔서일까?
언젠가는 어르신들을 섬기는 일을 하고 싶었다.
어느 날 교회 목사님의 사모님으로부터 전화 한 통을 받았다. 사모님께서 사회복지사로 근무하고 있는 노인요양병원에서 환자분들을 위해 노래나 MC 봉사를 해줄 수 있느냐고 조심스럽게 물어오셨다.

전화를 받자마자 두말할 것 없이 무조건 하겠다는 대답을 드렸다. 요양병원인 만큼 환자분들은 대부분 어르신들이었다. 주말 오후를 이용해서 어르신들을 위해 노래를 불러드리고, 또 어르신들이 노래하실 때 MC도 봐드리면서 두 시간을 넘도록 즐거운 시간을 보냈다.

이런 일이 힘들지 않다는 것은 솔직히 거짓말이다. 하지만 끝나고 나서의 보람은 그 힘든 것을 잊기에 충분했다. 그 요양병원의 지점이 3~4군데 지역에 있는 터라 매주 토요일마다 두어 시간씩 지역의 병원마다 다니며 어르신들을 섬기게 되었고, 그렇게 섬긴 지 올해로 8~9년째 거듭되어 이제 해마다 연례행사가 되고 있다.

이제는 도리어 사회복지사 사모님의 전화가 오기 전에 "언제 가면 되느냐?"고 물어볼 정도다. 내 노래를 들려드리는 것도 좋지만, 어르신들이 편찮으신 몸으로 휠체어에 몸을 의지하고 나오셔서 음도 맞지 않고 가사도 맞지 않지만 그래도 열심히 노래하시면서 즐거워하시는 모습을 보는 것이 너무도 가슴 벅차는 시간이 되었다.

## 아파트 단지 음악회

앞에서도 이야기했듯이 생애 처음으로 아파트를 분양받아 입주하다 보니 아파트를 위해 무언가 하고 싶은 마음이 솟구쳤다. 이참에 우리 아파트 홍보도 겸하고 싶었다.

입주한 지 며칠 지나지 않은 늦은 봄날 저녁, 아파트 단지에서 산책을 하고 있었는데 공기도 좋고 분위기도 좋고 클래식 음악 분위기와 너무 잘 어울릴 것 같다는 생각이 들었다.

"그래 음악회!"

무릎을 탁 쳤다. 음악회를 하는 아파트가 전국에 얼마나 있을까? 우리 아파트를 음악회 하는 아파트로 만들고 싶었다. 그래서 다른 동 대표들에게 의견을 물었고, 모두들 흔쾌히 좋다고 찬성했다.

장소는 아파트 중앙광장이 '딱'이었다. 다행히 주변 지인들 중에 클래식 음악을 전공하는 분들이나 가수들이 꽤 있었다. 일일이 연락을 취했다. 하지만 예산은 차비 말고는 줄 수 없는 정도였다. 어떡하겠나? 무작정 부탁을 했다. 부탁드린 모든 분들이 도와주시겠다고 흔쾌히 답변해주셨다.

예술의 전당이나 세종문화회관의 무대에 오를 만한 실력을 갖춘 바이올린, 비올라, 클라리넷 등 클래식 연주자는 물론이거니와 성악가, 가수 등 10여 분이 재능기부로 참석해 주셨다.

행사 결과는 따로 설명할 것도 없이 대성공이었다. 500여 명의 주민들로 중앙광장은 차고 넘쳤다. 예산을 아끼기 위해 나는 짜장면으로 배를 채우며 모든 행사를 준비했지만 주민들이 좋아하는 것을 보니 그저 보람되고 기분 좋았다.

그렇게 해마다 행사를 개최하며 2회, 3회를 하다 보니 자연스럽게 언론에도 노출이 되었고 음악회 하는 아파트로 조금씩 소문도 나기 시작했다. 지금은 아주 유명해진 뮤지컬 배우는 물론, 팝페라 가수, 7080 유명가수 분들도 출연하는 등 갈수록 수준도 더 높아지고 있다.

아파트 단지 음악회와 함께 우리 지역의 소외계층 아이들이 꿈을 잃지 않도록 무대를 만들어 주기도 했다. 그 아이들이 준비한 음악을 공연하게 해준 것이다. 이 음악회에도 내가 부탁하여 주변의 프로 음악가들이 흔쾌히 재능기부로 동참하였고, 아이들과 프로 음악가들이 함께 무대를 꾸미는 뜻깊은 행사가 되었다.

이렇게 도와주신 분들에게 감사의 인사를 할 수 있는 것은 그분들이 공연할 때마다 작은 선물이라도 사들고 직접 찾아가서 응원해 주는 방법밖엔 없었다. 아무튼 이렇게 좋은 분들이 내 주위에 많다는 사실에 그저 감사할 뿐이다.

## 군 장병들을 위한 음악회

아파트 단지 음악회의 좋은 추억 때문인지 계속 좋은 일을 하고 싶었다. 이번에는 군 장병들에게 음악을 통해 따뜻한 위로를 해주고 싶었다. 서울에 있는 어느 부대에서 음악회를 개최해 주기로 했다.

이번에도 음악회의 기획부터 섭외, 홍보까지 모두 내가 책임을 졌다. 또한 음악을 하는 지인들이 선뜻 동참해 주었기에 행사가 가능했다.

장병들이 많이 모이지 않으면 어쩌나 걱정했지만 기우에 불과했다. 500석 남짓의 강당은 빈자리가 하나도 없을 정도로 꽉 채워졌다. 음악회는 1시간이 넘도록 진행되었고, 강당을 가득 메운 장병들의 환호성과 박수갈채에 뿌듯한 하루를 보낼 수 있었다.

물론 이날 나는 아나운서 분과 듀엣으로 행사 MC를 보았고, 트로트 한 곡에 가곡 한 곡까지 곁들여 노래까지 불렀다. 이때가 가수 데뷔전인 셈이다.

## 경비원·미화 아주머니들과 지인들에게 나눔

그렇게 대단한 일은 아니다. 그저 조그만 마음을 담는 일이다.

설날이나 추석 같은 명절이 되면 마트에 가서 양말 세트를 여러 개 고른다. 아내도 이제는 눈치를 챘다. 아니 이제는 아내가 먼저 고른다. 사옥에 근무하시는 경비 아저씨들과 미화 아주머니들에게 드릴 선물이다. 더 좋은 것을 선물해 드리면 더할 나위 없겠지만 양말 한 켤레라도 선물로 드리면 좋을 것 같아 10여 년 넘게 해오고 있다.

그리고 밭에서 직접 농사를 짓고 땀 흘려 수확한 푸성귀들을 식사하실 때 드시라고 가끔 갖다 드린다. 별것도 아닌데 아저씨, 아주머니들이 너무 좋아하신다. 미화 아주머니들께서는 감사하다며 가끔 나를 미화실로 불러 맛있는 점심을 차려 주시기도 한다.

미화 아주머니들이 차려주신 점심을 정말 맛있게, 그리고 감사하게 먹고 사무실로 올라오면 뿌듯한 기분이다. 나눔의 기쁨은 이런 것인가 보다.

앞서 농사 이야기를 하면서 농사지은 수확물을 어떻게 하는지 뒤에 알려드리겠다고 했는데, 지금 여기가 그런 자리인 것 같다.

경비원 아저씨나 미화 아주머니들에게도 나누어 드리지만, 대부분은 지인들에게 나누어 드린다. 우리 식구가 먹어봐야 얼마나 먹겠는가? 회사와 교회의 지인들은 물론 아파트 주민들까지 90% 이상은 그때그때 생각나는 분들에게 전달한다.

"땀 흘려 농사를 지어서 왜 애써 남들에게 나눠줘? 차라리 먹을 만큼만 적당히 재배하지……."

누군가는 이런 말도 한다. 하지만 나는 나눠주는 것이 좋다. 나눠드린 것을 맛있게 먹었다는 인사를 듣는 것이 마냥 좋다. 게다가 많은 분들이 시중에서 사먹는 것보다 훨씬 맛있다고들 말씀하신다. 어떻게 농사를 그렇게 잘 짓는지 궁금하다고 하시는 분들도 있다. 금전적인 부분에서야 도움을 못 드리더라도 나의 땀과 정성을 나누는 데서 보람과 감사함을 찾는다.

어떤 때는 수확물을 나누는 일이 농사짓는 것보다 정말 성가시고 번거로울 때도 있다. 많은 농작물을 수확해서 집에 들고 오는 것도 보통 일은 아니다. 그것을 수십 개의 봉지에다 일일이 포장을 해야 한다. 그리고 일일이 지인들의 가정을 방문하며 갖다 주기도 한다.

무엇보다도 싱싱하고 먹음직스러운 것을 골라서 드리고, 상태가 안 좋은 것은 내가 먹는다. 괜히 주고 욕먹긴 싫기 때문이다. 이왕이면 남들에게 좋은 것을 나눠드리려고 하다 보니 상품가치가 전혀 없거나 상태가 나쁜 것은 내 차지가 될 때가 많았다.

어떤 때는 택배로 부산에 보내드린 적도 있다. 사실 시장에서 사먹는 것보다 택배비가 더 나올 수가 있다. 그래도 좋다. 그냥 좋다. 나눌 수 있다는 사실이 그저 감사하다.

## 고라니에게도 재능기부

고라니에게도 재능기부를 하였다.

무슨 말이냐? 살다 살다 이런 일도 있냐 싶겠지만, 고라니에게 고스란히 재능기부를 한 셈이었다. 400여 평 농사를 짓다 보니 넓은 땅에 울타리를 다 둘러치기가 버거웠다. 그래서 얼마나 피해가 심하겠냐 하고 안일하게 생각했다.

하지만 나의 예상을 뛰어넘어 야생 고라니는 완전 나의 뒤통수를 쳤다. 봄 무렵에 고라니가 야채 일부를 뜯어먹었기에 그땐 그러려니 했다. 고라니도 먹고 살아야지 하며 마음도 사뭇 너그러웠다.

그런데 가을 김장 무를 심었을 때는 생각이 완전히 바뀌었다. 무 400여 포기를 힘들게 심어 놨는데 하루아침에 모두 시식을 해버렸다. 말 못하는 짐승이 한 일인데 누구를 원망하랴!

새로 심기로 작정하고 어쩔 수 없이 모종 가게에 가서 무 모종을 구입했다. 휴일에 하루 종일 쪼그려 앉아 땀흘려 가며 또 겨우겨우 심어 놨다. 이제 괜찮겠지 했는데 며칠 지난 후 고라니님들께서는 아주 깔끔하게 잡수어 주셨다.ㅠㅠ.

그렇게 그해 가을 농사는 모두 망쳐 버렸고, 결국 그 다음해에는 고라니와의 전쟁을 선포하고 다시는 고라니가 들어오지 못하도록 그물을 모두 둘러 버렸다.

나의 짐승에 대한 재능기부의 경우는 여기서 끝이 아니다.

가뭄을 대비해 봄에 작은 연못을 팠다. 삽으로 파다가 너무 힘들었는데 때마침 굴삭기가 그 주변에서 작업을 하고 있어서 20분정도만 작업을 해달라고 부탁하여 연못을 만들었다. 그리고 연못에 이왕 물을 채운 만큼 붕어와 미꾸라지 치어를 넣어 키웠다.

몇 달이 지났을까? 내가 농사짓는 밭 옆에서 농사짓는 어르신으로부터 연락이 왔다. 지나가던 아주 큰 철새가 그 연못에 앉아서 고기 다 잡아먹는다고…….

이건 또 무슨 조화란 말인가? 결국 다 잡아 먹혔나 보다. 한 마리도 안 보였다. 새에게도 재능기부를 하는 사람이 되었다. 웃어야 할지, 울어야 할지.

## 안양시 사회봉사상 수상

2017년 늦은 봄, 안양시청으로부터 연락을 받았다.

안양은 내가 살고 있는 우리 동네이니 안양시청이라면 당연 우리 동네의 관청이다. 그런데 그때 받은 연락 한 통은 좀 각별했다.

안양시민 중에 공로가 있거나 지역을 위해 힘써 준 시민들에게 매월 표창을 하는데 이번 달에는 내가 사회봉사상 대상자로 뽑혔다는 내용이었다. 내가 무슨 큰일을 했나 싶기도 했지만, 상이라는 게 그저 기분 좋은 일이라 알겠다고 하며 전화를 끊었다.

누군가를 위해 작은 봉사를 했을 뿐인데 상을 받는다니 좀 부끄러운 것도 사실이다. 어쨌든 안양시청의 수여식에 참석하여 안양시장님으로부터 영광스러운 사회봉사상을 수여 받았다.

따로 알리지도 않았는데 함께 축하해 주러 나오신 우리 동네 동장님과 지역 분들께서 꽃다발도 준비해 주셨다. 그 상장은 우리 집 거실에 지금도 자랑스럽게 걸려 있다.

일곱째 마당

# 나도 셰프다

## 자취생활 10년의 베테랑 셰프

어머니의 음식 솜씨는 동네에서도 유명했다.

식당을 하셨으면 분명히 성공하셨을 그런 솜씨였다. 어린 시절의 나는 사실 다른 집에서 밥 먹는 것을 많이 꺼렸다. 어머니께서는 왜 우리 집 자식들은 다른 집에서 밥을 안 먹는지 이해를 못하겠다고 가끔 우리를 나무라셨다.

이제 와서 돌이켜 생각해보니 그때 나만 하더라도 다른 집 음식은 입에 맞지 않았다. 어머니 음식 솜씨가 좋아서 다른 집 음식은 잘 먹지 못했던 게 아닌가 하고 짐작해 본다.

아무튼 그런 어머니의 음식 솜씨 덕분인지 우리 집 형제들은 대부분 음식을 잘한다. 나 역시 초등학교 1학년 시절부터 된장찌개를 끓였던 기억도 있다. 어머니가 하시는 것을 어깨 너머로 보고 배운 대로 끓인 된장찌개였다.

형님과 함께 몇 년 동안 자취를 한 적이 있었고, 나 혼자 자취하기 시작한 다음에는 모든 음식들을 직접 해먹다보니 요령도 더 생겼다.

혼자 자취할 때는 교회 친구들이 자주 내 자취방에 놀러왔다. 그럴 때면 난 마트에서 시장을 봐온 다음 그 친구들을 위해 요리를 해주곤 했다. 그냥 내 요리를 맛있게 먹어주는 것이 너무 기분 좋았기 때문이다. 그리고 넉넉하지는 않지만 누군가를 대접할 수 있다는 사실이 너무도 감사했다.

다행히 내 요리를 먹은 사람 중에서 맛없다고 한 사람은 단 한 명도 없었다. 물론 립 서비스일 수도 있겠지만, 어떤 경우에는 친구들이 시장을 봐와서 이 음식 저 음식 요리해 달라고 할 때도 종종 있었다.

또 어느 친구는 자기 어머니가 해주신 것보다 훨씬 맛있다며 나의 자취방에 자주 들르기도 했다. 요리를 하면 보통 메인요리 한두 개만 준비하게 마련인데 나는 12첩 이상이 기본이었다. 한식은 지금도 자신 있다.

군대 시절의 에피소드 하나.

논산훈련소에 입소한 지 얼마 지나지 않아 취사병을 특기병으로 뽑는 시간이 있었다. 어느 간부가 우리 훈련생들이 모여 있는 곳에 오시더니 요리에 자신 있는 사람은 손을 들라고 했다. '아, 이건 운명이다.' 싶어 손을 번쩍 들었다.

여러 명이 손을 들었는데 어떤 요리 경력이 있는지 일일이 물어보는 것이었다. 어떤 사람은 호텔 경력, 어떤 사람은 요리사 자격증, 또 어떤 사람은 유명 음식점에서 몇 년을 일했다는 등 다양했다. 드디어 간부가 나에게 물었다.

"넌 뭐했어?"

나는 자신 있게 대답했다.

"자취 4년 했습니다."

순간 그곳은 웃음바다가 됐다.

결국 난 취사병이 될 수는 없었다.


## 요리가 재미있다

나는 요리가 너무 재미있다.

방금 전에도 이야기했지만 누군가가 맛있게 먹어주는 것도 기분 좋고, 또 그 밥상의 자리를 통해서 누군가와 진솔하게 대화와 음식을 나눌 수 있다는 것도 참 기분이 좋다.

지금도 우리 집에는 자주 손님이 찾아온다.

아니 내가 대부분 초대를 한다. 회사 동료들, 친지들도 불러서 가끔 요리를 대접하곤 한다. 또한 교회 사람들이나 아파트 주민들도 자주 우리 집에서 밥상 나눔을 하고 있다. 이러다 보니 특히 아파트 주민들 중에는 지금 거의 가족처럼 지내는 분들을 손꼽아볼 수 있을 정도다.

장모님께도 자주 음식을 해드린다. 무엇으로 맛을 이렇게 냈는지 장모님께서 물어보실 정도다. 옛날 어머니의 음식 솜씨에 대한 이야기를 장모님께 하지는 않지만, 기억을 더듬어 옛날 어머니께서 해 주시던 음식을 가끔 해먹고는 한다.

이렇게 요리가 재미있다 보니 어느 전문 음식점에서 맛있는 음식을 먹게 되면 집에 와서 그대로 해보는 경우도 종종 있었다. 물론 어떤 재료들이 들어가고 어떻게 조리를 하는지 전혀 모르는 상태에서 음식을 만들다 보니 흉내에서 끝나는 경우가 많다.

아내와 함께 일삼아 맛집을 찾아다니는 편이기도 하다. 그래서 지인들 중에는 지역의 맛집에 대해 종종 나에게 물어오는 경우도 많다.

## 아내에게 요리를 전수하다

결혼하고 가장 먼저 한 일이 아내에게 요리를 전수한 것이다.

아내도 다행히 요리하는 데 대해 흥미를 가지고 있어 밥을 얻어 먹으려면 요리 비법(?)을 제대로 전수하는 게 옳다고 생각했다.

보통 요리 잘하는 사람들이 아내가 한 요리에 대해 핀잔을 주거나 음식 타박을 하는 경우가 있다고 해서 나는 최대한 그런 사람은 되지 말자고 스스로 다짐하는 것은 당연지사다.

미역국과 내가 좋아하는 시래기국을 우리 어머니 방식으로 끓이는 방법부터 알려 주었다. 물론 가끔 '뭔가 조금 부족한데?' 할 때도 있지만 그래도 아내의 정성을 음식 사부(師傅)로서 맛있게 먹어주는 편이다.

"미역국이나 시래기국은 쌀뜨물로 해야 맛있다. 미역국에 마늘을 넣으면 미역의 참맛을 느끼기 힘들다. 된장찌개를 끓일 때는 된장이 가장 중요하긴 하지만 다시멸치도 못지않게 중요하다. 콩나물비빔밥을 할 때는 콩나물에서 물이 배어 나오기 때문에 물을 절대적으로 적게 넣어야 고슬고슬한 밥을 할 수 있다."

이런저런 포인트를 강조하는가 하면, 자칫 지나치기 쉬운 주의사항까지 비법을 하나하나 전수하였다. 그러다 보니 청출어람(靑出於藍)이 되어 버렸다.

아무튼 이제는 나보다 더 요리를 잘한다. 그래도 요리의 마지막 맛은 회심의 내공으로 가끔 내가 결정을 지어주기도 한다. 국을 끓이다가도 아내가 뭔가 부족하다면서 나에게 마술을 보여 달라고 할 때다.

그렇다고 조미료로 결정을 지어주는 것은 절대 아니다. 딱히 뭔지는 모르겠는데 대충 간장을 좀 더 넣거나 하다 보면 맛이 달라질 때가 많다.

지금도 주말마다 자주 요리를 하는 편이다.

셰프 상남자야 이제윤, 좀 괜찮지 않은가?

## 여덟째 마당

# 작은 행복과
# 더불어 꿈꾸는 세상

## 처음 번 돈으로 산 워크맨

내가 고등학교 다니던 시절에는 일본 소니의 휴대용 카세트레코드 워크맨이 유행이었다. 학생들의 로망이라고 할 수 있을 정도로 인기가 있었다.

나는 소니의 워크맨은 둘째 치고라도 비슷한 기능의 국산 제품인 삼성 '마이마이'조차 살 만한 형편이 아니었다. 아니 형님들에게 사달라고 하는 것 자체가 미안했고 불가능했다. 그래서 짝지에게 이어폰을 하나 빌려서 듣곤 했다. 그때 당시는 철이 없어서 그랬는지 몰라도 소니 워크맨이 왜 그렇게 있어 보였는지 모르겠다.

아무튼 수능을 마치자마자 곧바로 아르바이트를 하게 되었다. 처음에는 커피숍에서 시급 1,200원을 받고 일했다. 그리고 시급 1,600원을 준다는 호프집으로 옮겨 일하게 되었다. 호프집 사장님이 일 열심히 잘한다고 1,800원으로 시급을 올려주셨다. (지금 최저임금을 생각하면 참 격세지감을 느낀다.)

그렇게 열심히 모은 첫 월급으로 형님 선물을 사드리고 나머지 돈으로는 그토록 가지고 싶었던 워크맨을 구입하였다. 그런데 소니 워크맨은 아니고 소니 워크맨 다음 급이라 할 수 있었던 파나소닉 워크맨이었다.

그리고 최대한 저렴하게 사기 위해서 깡통시장을 몇 바퀴 돌고 돌았다. 깡통시장은 1970년대 이후 일본 등 해외 물품을 수입해서 싸게 팔던, 부산 국제시장 부근의 할인시장이었다.

그때 내가 아르바이트를 해서 처음 번 돈으로 샀던 파나소닉 워크맨은 한동안 나의 재산목록 1호가 되었고, 지금도 소장하고 있다.

그 일로 돈 버는 것이 어렵다는 사실을 어렴풋이나마 깨달았고, 또한 내가 번 돈으로 원하는 것을 사들였다는 사실이 뿌듯하기도 했다.

## 중학교 학생회장이 되다

 초등학교 때부터 어린이부회장, 어린이회장 선거에 나섰던 경험이 있었다. 초등학교 5학년 때는 어린이부회장, 6학년 때는 어린이회장 선거에서 덩치도 아주 크고 훤칠하게 잘생긴 친구 녀석에게 연이어 참패를 하였다.
 당연히 선출될 것이라 생각하고 있었던 나에게는 아주 충격의 패배였고, 비록 어린 나이지만 그 패배는 승부욕이 강했던 나의 눈에서 눈물이 나오게 했다.
 어린이부회장과 회장 선거에서 참패를 안겼던 친구와 같은 중학교로 배정받은 나는 복수의 칼을 갈았다. 그러나 그 친구가 2학년 되던 해에 다른 곳으로 전학을 가는 바람에 더 이상 복수혈전은 이루어지지 않았다.
 그런데 그 친구보다 더 강력한 경쟁자가 있었다. 시골이지만 귀티가 나고 꽃미남에 공부까지 전교에서 늘 1, 2등만 하던 친구였다. 나도 성적으로 우등상을 더러 타기는 했지만, 그 친구와는 상대가 되지 않았다.
 중학교 3학년이 시작되던 봄날, 학교에서 학생회장 입후보자를 지원받았다. 그 친구는 당연히 후보 등록을 마쳤고 나도 살짝 도전해 보고 싶은 생각은 있었다. 하지만 나가 봐야 어차피 안 될 텐데 굳이 나갈 필요 있을까 하고 마음을 돌리려던 찰나에, 내 짝이 그래도 한 번 나가보면 어떻겠냐고 권유했다.
 당시 전교 학생회장 선거는 간접선거로, 각 학년 각 반의 반장과 부반장 등 대의원들이 투표를 하는 방식이었다.
그런데 미리 출마했던 두어 명의 다른 후보들은 그 친구의 출마에 곧바로 꼬리를 내리고 중도사퇴를 해버린 참이었다. 팔방미인 그 친구가 너무 강력했던 것이다.
하지만 그것이 오히려 나의 경쟁심에 불을 질렀다.
'그래, 나야 어차피 떨어지더라도 본전 아닌가. 까짓것 도전이나 한 번 해 보자. 나에게 좋은 경험이 될 수도 있겠지?'
그러면서 내가 찍은 한 표와 나를 추천했던 짝이 찍어주면 적어도 두 표는 나오겠지 하고 출사표를 던졌다.
결국 팔방미인 그 친구와 나의 양자 대결 구도. 소견 발표에서 나는 미리 준비한 글을 차분하고 강하게 읽었다. 그 친구도 소견 발표를 끝냈다. 얼굴도 잘 생기고 공부도 잘하고 역시나 말도 잘했다.
이윽고 개표 상황. 서기가 칠판에 득표수를 체크하기 위해 분필을 들었고 개표를 진행하던 친구가 이름을 부르기 시작했다.
"이제윤, 또 이제윤……."
이때까지만 해도 내 표는 이게 전부라고 생각했다. 내가 찍은 한 표와 짝이 찍은 한 표. 이제 나올 표는 다 나왔나 보다고 생각하는데, "또 이제윤!"이라고 했다. 그리고 7~8표가 나오는 동안 계속 내 이름만 불리는 것이었다.
"어, 이거 뭐지?"
어떻게 표정을 주체할 수가 없었다. 결과는 두 배의 표 차이로 내가 이겼다. 엄청난 이변이 일어났던 것이다. 학교 친구들도 발칵 뒤집어졌다. 교무실의 선생님들도 발칵 뒤집어졌던 것으로 알고 있다. 모두들 당연히 그 친구가 될 것이라고 확신하다시피 했는데 생각지도 않았던 내가 학생회장에 당선되었으니…….
정정당당하게 치러진 선거의 결과이긴 하지만 그 친구에게 도리어 미안한 마음이 들었다. 아무튼 초등학교 반장 선거가 아닌 큰 선거에서 처음으로 짜릿한 이변을 맛보았다.^^

## 군종병이 되다

군대에서 나의 원래 보직은 사단 전체 예하부대에 전투 관련 물자를 보급하는 보급병이었다. 논산훈련소에서 6주 훈련을 받고 다시 부산에서 7주간의 후반기 교육을 받은 후에야 자대에 배치를 받을 수 있었다.

자대에 배치를 받은 지 얼마 안 되어 가장 졸병인 이등병 생활을 끝내고 일병을 달았던 기억이 난다. 훈련소에서 바로 자대에 배치된 병사들에 비하면 자대에서의 이등병 생활이 훨씬 짧았기 때문에 상당히 행복한 편이라고 할 수 있겠다.

아무튼 나는 보직에 걸맞게 누구보다 열심히 임무를 수행했다고 자부한다. 그리고 종교생활도 열심히 하며 주일이 되면 꼬박꼬박 교회에 다녔다. 힘든 군 생활에서 내가 의지할 곳이라고는 교회밖에 없다고 생각했던 것이다.

더구나 나 같은 경우에는 집도 멀고 무엇보다 어머니께서 혼자 면회 오실 형편이 안 되는 데다 형님들도 먹고사는 게 바쁜지라 부산에서 강원도 최전방 산골짜기까지 가족이 면회를 온다는 것은 꿈도 못 꾸었다. 그래서 교회를 더 열심히 다녔는지도 모르겠다.

그다지 믿음이 좋은 것도 아니었고, 교회를 다니기 시작한 지도 몇 년 안 되었기에 사실 군종병은 꿈도 안 꾸었다. 게다가 그때 군종병을 하던 선임은 제대를 얼마 남겨두지 않은 병장 말년이었고, 그 후임병도 정해져 있었다.

그런데 후임으로 정해졌던 일병이 2~3개월 군 병원에 입원했다가 결국 의가사 제대를 했다는 소식이 들렸다. 그러자 이제 내가 후임이 될 거라는 이야기가 나돌았다. 그동안 내가 교회를 열심히 다니면서 제대를 앞둔 군종병인 말년 병장과 아주 가까이 지내왔다는 것을 모두들 알고 있었기 때문이다.

그 이야기는 결국 사실이 되고 말았다.

"너, 군종병 할 생각 없나?"

어느 날 말년 병장 군종병이 나를 부르더니 이렇게 물었다.

"할 수만 있다면야 무조건 해야지요."

나는 곧바로 대답했다. 그렇게 되면 적어도 고참들의 눈치 안 보고 편하게 교회에는 갈 수 있겠다고 생각했던 것이다.

하지만 난관은 있었다. 당시 우리 부대는 군종병만 전문으로 하는 게 아니라 평소에는 자기 업무를 수행하고 주말과 주일에만 교회에서 봉사를 하는 자리였다.

아무튼 난 정말 군종병을 맡고 싶었지만 부서의 담당 선임하사가 반대하고 나섰다. 일도 많은데 군종병까지 하면 일이 펑크가 난다고 절대 안 된다는 얘기였다. 틀린 말도 아니었다.

당시만 해도 우리 부서는 야근이 너무 많은 부서였다. 그래서 말년 군종병과 함께 선임하사의 설득에 나섰다. 절대로 군종병 역할로 인해 업무 펑크가 나지 않도록 하겠다고 거듭 다짐하며 설득하였지만, 선임하사는 난공불락이었다.

그런데 열 번 찍어 안 넘어가는 나무 없다는 말을 그때 실감했다. 몇 날 며칠을 설득하고 환심을 살 만한 일이라면 뭐든지 해서 마침내 선임하사의 허락을 얻을 수 있었다.

"군종병 하다가 업무 펑크를 내면 군기교육대 갈 생각하고, 그렇게 될 경우 너는 군종병도 그만 두는 거다."

선임하사의 말이 떨어지기 무섭게 나는 그러마고 약속을 하였고, 잘할 자신도 있었다. 그렇게 해서 나는 그날부터 정식으로 군종병이 되었다.

그리고 전역하는 그날까지 밤마다 뜨겁게 끓인 커피를 커다란 보온병에 넣고 하루도 빠짐없이 보초를 서는 초소를 방문하여 추위를 녹여 주었다. 강원도 최전방의 한겨울 체감온도는 영하 2~30도는 기본일 정도로 매우 추웠다. 초코파이 하나와 따뜻한 커피를 나눠주면 선후배를 막론하고 보초를 서는 모두가 너무 좋아했다.

오죽하면 고참들도 보초를 설 때 나를 만나면 너무 좋다고 사회에서도 꼭 만났으면 좋겠다는 말까지 하였다.

보급병으로서의 나의 원래 업무도 전역할 때까지 아무 탈 없이 수행하였던 것은 두말할 나위도 없다. 그래서인지 부대의 많은 간부들이 자주 이런 이야기를 했다.

"제윤이 너는 뭘 해도 잘할 것 같다. 그리고 성공할 것 같다."

심지어 대대장님도 "군대생활 참 잘한 100점짜리 녀석인데, 한 가지 때문에 50점짜리다."라고 말씀하셨다.

그 한 가지란 바로 '추억록'을 만든 일이었다.

그 시절에는 군대에서 전역할 무렵 '추억록'이라는 것을 만들었는데, 군대생활을 추억하기 위해 만드는 일종의 앨범 같은 것인데, 동료나 후임병들에게 종이를 나눠주며 한 마디씩 적어달라거나 그림을 그려달라고 했다. 그게 사실은 군대에서 하지 말라는 것 중의 하나였고, 내가 그 일을 했던 것이다.

'추억록'이 생활 검열에서 걸리는 바람에 하루 군기교육을 받았다. 그렇다고 후임들을 강압한 것은 아니었지만, 아무튼 내가 잘못한 일이라 아무 불만 없이 군장 메고 하루 종일 연병장을 돌았다. 이것이 대대장님에게 감점 50점을 받았던 셈이다.

## 내 차가 생기다

자동차를 가진 사람을 무척 부러워했다.

대학시절에도 학교에 차를 가지고 오는 선배들이나 친구들을 보면서 부러워했다. 데이트를 하더라도 차가 있으니 얼마나 좋아보이던지. 나는 차 살 형편도 안 되었을 뿐더러 차는 꿈도 안 꾸었다. 그래도 부러운 건 부러운 것이었다.

직장생활을 시작하고 나서 드디어 차가 생겼다.

형님께서 타던 경차를 내게 그냥 타라고 주신 것이다. 본인은 회사에서 차가 나오기 때문에 당장은 차가 필요 없다면서 공짜로 나에게 주셨다. 완전, 완전 기분이 날아갈 듯 기뻤다.

그렇게 타고 다니다가 이제 소형차 중에 당시 인기가 좋았던 액x트를 가지고 싶어 경차를 팔고 액x트 중고차를 샀다. 그리고 몇 년 후에 준준형차인 아x테 매물이 좋은 조건으로 나와 또 바꾸게 되었고 결혼하고서는 드디어 중형차를 새 차로 사게 되었다.

부자인 분들에게는 사소한 이야기일 수도 있고 또 어떤 분에게는 허세나 자랑처럼 느껴질 수도 있겠다. 내가 굳이 자동차 이야기를 꺼낸 까닭은 큰 도움 없이 하나하나 이뤄나가는 과정을 말씀드리고 싶었기 때문이다.

한 단계, 한 단계 쌓아 올라가는 것이 우리네 인생이듯 자동차에 대한 나의 꿈도 그렇게 이루어졌다.

## 수기 공모전에 당선되다

2009년 문화체육관광부에서 주관한 '활력충전 나의 휴(休)테크'

라는 수기공모전이 있었다. 어떻게 무엇을 하면서 휴(休)를 즐기고 있는지에 대한 글을 써내는 것이었다.

그동안 취미생활로 열심히 농사를 지어왔던 터라 이것을 주제로 하면 좋겠다 싶어 겪은 대로, 느낀 대로 수기를 적어 제출하였다. 나 말고도 다른 좋은 글들이 많겠지 싶었지만 이왕 제출했으니 수상하고 싶은 욕심도 생겼다.

제출하고 나서 얼마 지나지 않아 전화가 왔다.

수기공모전에서 장려상을 수상하게 됐다며 당시 광화문에 있던 문화체육관광부로 오라는 것이었다. 금액은 얼마 되지 않았지만 상금도 있었다. 사회에서는 처음 받는 상이라 떨리기도 하고 내 스스로가 자랑스럽기도 하였다.

무슨 상이든 역시 상을 받는 것은 참 기분이 좋은 듯싶다.

상 받은 경험을 쌓아나갈 수 있다면 인생도 보랏빛이 될 성싶다.


### 처음 밟은 미국 땅

사실 나는 외국에 대한 동경은 전혀 없었다.

그저 대한민국이 좋아서 여행도 국내 여행만 주로 다녔다. 대한민국도 다닐 곳이 얼마나 많고 죽을 때까지도 다 못 가볼 텐데 굳이 다른 나라까지 갈 필요 있겠냐는 생각이었다.

물론 이런 마음이 제일 컸지만 돈이 많이 들어 아끼고 싶은 마음도 조금 있었다. 그래서 외국이라고는 2007년 신혼여행으로 사이판을 처음 가봤던 것이다. 나름 미국 땅(물론 본토가 아니라 '미국령'이지만) 밟아보았다며 자랑했다. 한 번 나가보니 좋긴 좋았다. 특히 휴양지다 보니 너무 편하고 즐겁게 쉬다 돌아왔다.

그 이후에 말레이시아나 태국 등 동남아를 방문한 적은 있었지만 미국 본토는 갈 일이 없었다. 가장 부담이 되는 것은 일단 너무 멀어서 비행기를 오래 탈 자신이 없었다. 그리고 (웃으실 수도 있겠지만) 미국은 총기소지가 가능한 나라이기 때문에 모두들 권총을 들고 다니는 줄 알았다. 그래서 더더욱 미국에 대해 환상은 전혀 없었다.

아내에게 이 이야기를 하면 나를 번번이 놀려댔다. 그러다가 미국으로 갈 수 있는 기회가 생겼다. 아내의 외삼촌, 그러니까 장모님의 남동생이 미국 LA에 교포로 살고 계시는데 '이 서방이랑 꼭 한 번 오라.'는 전화를 장모님께서 받았다고 하셨다. 그때까지만 해도 안 가고 싶다는 이야기를 했지만, 그래도 미국이라는 곳에 한 번 가보자 굳게 마음먹고는 서부투어 예약을 잡고 출발했던 것이다.

중간 이야기는 생략하고……지금은 벌써 세 번이나 다녀왔다. 아파트단지 내에서 친한 부부들에게 미국 서부 너무 좋다고 자랑을 하면서 같이 한 번 갔으면 좋겠다고 해서 함께 또 서부를 다녀오게 되었고, 동부도 한 번 가보고 싶어서 부산의 친한 선배 부부와 동부 투어까지 하고 돌아온 것이다. 미국 가기 싫다고 했던 사람 맞는지 의심스럽지만 이제는 미국 여행 전도사가 되어 버렸다.

미국 중부에는 처남이 살고 있어 중부에도 가보려 했는데 인천 공항까지 갔다가 되돌아왔던 적이 있다. 내가 하필 출발하는 아침에 인터넷 체크인을 하겠다며 굳이 여권을 꺼냈는데 아내의 여권을 가져가지 않아 발걸음을 돌렸던 것이다.

## 목수가 되다

어린 시절부터 뚝딱뚝딱 만드는 것이 왜 그리 재미있었을까?

시골에서 자라다 보니 아버지가 집안의 소품들을 손보시고 집수리를 손수 하시는 것을 보고 자라서인지 목재로 뭔가 만드는 것을 자연스럽게 접하게 되었다.

초등학교 시절부터 각목으로 개집을 만들고 썰매를 만들고 책꽂이 등 여러 가지 것들은 만드는 데 아주 익숙했고 또한 재미있어 했다. 장난감이 흔치 않던 시절이라 나무총이며 나무칼 같은 것들을 손수 만들어 가지고 놀았다.

군대 시절에는 사단 전체에 보급을 담당하다 보니 예하부대 병사들이 매일 부대의 내 사무실로 찾아왔다. 하지만 제대로 편히 앉아 있을 데가 마땅찮아 쪼그려 앉아서 기다리는 것을 보고 많이 안타까웠다. 그래서 당시 보급과장님에게 말씀드려 목재를 구해주시면 내가 의자와 탁자를 만들어 보겠다고 했다.

휴식시간에 뚝딱뚝딱 만들기 시작했고 꽤나 괜찮은 탁자와 의자가 만들어졌다. 그리고 화단도 만들어 보자고 제안했다. 공터 한 구석에 큰 바위도 있어 지게차를 이용해서 골라내고 나름 인테리어 하듯이 진달래꽃이며 화초를 심었더니 근사한 화단으로 탈바꿈했던 기억이 있다.

아파트에 입주하면서는 아내가 원목 탁자와 의자가 서재에 있었으면 참 좋겠다고 시중 제품을 사자는 것이었다. 그런데 원목으로 만든 시중의 제품은 가격이 너무 비쌌다. 그래서 아내에게 내가 직접 만들어주겠다고 했더니 손사래를 쳤다.

나를 한 번 믿어보라고 했더니 그냥 사는 게 좋을 것 같다기에 일단 만들어 보고 맘에 안 들면 그때 사자고 다시 제안하여 아내의 허락을 받고 원목 가구를 만들기 시작했다. 목재상에서 원목을 사고 전기톱을 빌려 자르고 이틀 만에 탁자와 의자가 만들어졌다.

짜잔~~! 아내에게 보여줬더니 아주 흡족해 했다. 탁자에는 유리를 깔고, 의자에는 방석을 깔아 놓으니 정말 근사한 원목 탁자와 의자가 되었다. 6년이 지난 지금도 우리 집 서재에 다목적 용도로 사용되고 있는 중이다. 손님들이 찾아오시면 10여 명이 앉을 수 있는 접대장소로, 김장김치 담글 때는 작업대 겸 받침대로, 평소에는 느긋하게 책 읽는 장소로 아주 요긴하게 사용하고 있다.

발코니의 화단도 직접 만들었다. 프로 목수들에 비하면 아주 부족한 실력이지만 내가 필요한 것을 직접 만들어서 쓰는 기쁨도 꽤 괜찮은 것 같다.


### 교사의 꿈을 이루다

앞서도 이야기했듯이 나의 꿈은 교사가 되는 것이었다.

특히 국어를 좋아해서 꼭 국어 선생님이 되고 싶었지만 고문(고전문학)이 큰 걱정거리여서 다른 학과로 합격을 했다. 결국은 가정형편으로 진학하지 못했기 때문에 나의 꿈은 여기서 끝나는 것이라고 그땐 그렇게 생각했다.

하지만 굳이 학교에서 학생들을 가르쳐야만 교사가 되는 것은 아니라는 깨달음을 얻었다. 교회에서 주일학교 학생을 가르쳐도 교사의 꿈을 이룬 것이라고 생각하게 되었다. 교회에서 중등부 학생들을 맡아 가르친 적이 있었다. 그 아이들이 훌쩍 자란 지금까지도 쌤(선생님), 쌤 하며 부르고 있다.

사회에서도 누군가를 가르칠 수 있는 기회가 생겼다. 내 삶이 대단한 성공사례는 아니지만 멘토가 되어 특강을 해 달라는 요청을 받았다. 그래서 부산에서 한 번, 서울에서 한 번 젊은이들의 멘토로서 꿈에 대한 강의를 하였고, 이런저런 모임에서도 특강을 했다.

물론 특강을 듣는 사람이 넘쳐나는 것은 아니었다. 어느 강연에는 단 몇 명이 강의를 들었지만 결코 실망하지 않았다. 단지 몇 명이 되건 누군가에게 도움이 되었으면 하는 바람이었고, 부족한 내가 강의까지 할 수 있음에 감사했다.

지난 가을에는 취업을 앞둔 특성화 여자고등학교 80여 명의 학생들에게 강의를 하였다. 통상 50여 명의 학생들이 강의를 신청하는데, 내 강의에는 신청하는 인원이 너무 많아 30여 명을 더 늘렸음에도 강의 장소에 다 들어오지 못했다고 담당 선생님께서 귀띔해 주셨다. 그 또한 감사한 일이었다.

그렇게 나는 선생님의 꿈을 이루었다.


## 작가의 꿈과 저서

원래 시를 쓰는 것을 좋아했다. 학창시절에는 신춘문예를 통해 등단해보고 싶은 욕심도 있었다. 시나리오도 곧잘 쓰곤 했다. 특히 국어책에 실려 있는 소설을 가지고 시나리오나 희곡으로 각색을 했던 적도 몇 번 있다. 당시 국어 선생님께서 충분히 소질이 있다고 말씀하셨던 적이 있어 더욱 관심을 기울였고, 은근히 욕심을 부렸다.

하지만 그런 꿈은 언젠가부터 잊혀졌다.

'내가 그런 꿈이 있었던가?' 할 정도로…….

그런데 진짜 작가가 될 수 있는 기회가 찾아왔다.

앞에서도 이야기했지만 나의 삶에 대한 이야기가 그리 대단하다고는 생각하지 않는다. 다만 열정적으로 나름 성실하게 살아왔고, 조금 남다른 경험을 했을 뿐이다.

그런데 내가 살아온 이야기에 관심을 보이는 출판사가 두엇 있었다. 꼭 나의 이야기를 책으로 엮었으면 좋겠다는 제의를 받았다.

책을 내자는 말에 처음에는 솔깃한 마음도 들었다.

'한 번 해 볼까?'

신기하기도 했고 뭔가 대단한 느낌도 있을 것 같았다.

그런데 솔직히 자신이 없었다. 내가 살아온 이야기지만 원고로 써낼 시간도 없었고, 또 책으로 펴낼 만한 내용도 아닌 듯했다. 그렇게 1년이라는 시간이 훌쩍 흘렀다.

또 다른 출판사에서 제안이 들어왔다. 출판사 사장님이 만나자고 하셨는데, 3시간여 만나는 동안 계속 책 출간에 대한 제안의 말씀을 이어가셨다.

결국 한 번 해보자는 의지를 다졌다.

그래서 이 책이 나오게 된 것이다.

이 책이 나오면 나도 당연히 작가의 꿈을 이룰 수 있으리라.

## '금강다이아몬즈'에서 이룬 야구선수의 꿈

어린 시절의 간절한 꿈 가운데 하나는 프로야구 선수가 되는 것이었다. 프로야구 원년인 1982년이 바로 내가 초등학교에 입학한 해였기 때문에 당시의 프로야구는 지금보다 훨씬 더 환호를 받았던 것 같다.

지금도 나는 삼성라이온즈의 이만수, MBC청룡의 백인천, OB베어스의 박철순 등 프로야구 원년 멤버들을 생생히 기억한다. 투수로는 박철순 선수를 가장 좋아했지만 그래도 고향이 경북이어서 삼성라이온즈의 열성 팬이었다. 그 중에서 이만수 선수는 지금까지도 가장 좋아하는 선수다. 오죽하면 TV에서 이만수 선수 나올 때만 텔레비전 중계를 시청했을 정도다.

당시 프로야구는 어른 아이 할 것 없이 인기가 대단했다. 당시 어린이들인 우리가 많이 가지고 놀았던 딱지에도 프로야구 선수들의 얼굴이 있을 정도로 엄청난 인기였다.

그러다보니 자연스럽게 학교를 마치면 무조건 야구를 했다. 너무 야구를 하다 보니 학교에서 야구 금지령까지 내렸던 기억도 난다. 물론 야구 금지령은 야구를 하다가 친구 한 명이 방망이에 맞아서 머리에 피가 나는 부상을 당했기 때문에 내린 안전 차원의 조치였다.

야구 금지령에도 불구하고 선생님들의 눈을 피해 논밭에서 몰래 야구를 했다. 그렇게 야구를 좋아하였고 늘 4번 타자만 맡을 정도로 동네에서는 야구도 곧잘 했다.

하지만 문제는 시골 학교라 야구부가 없다는 것이었다. 게다가 진학해야 할 중학교도 당연히 야구부가 없었다. 야구부로 들어가서 선수가 되는 꿈은 버려야 하는가? 그러던 차에 드디어 야구부가 있는 고등학교로 진학한다.

나의 모교 부산고등학교는 고교야구에서는 아주 명문 중의 최고의 명문이다. 요즘 메이저리그에서 활약하고 있는 추신수 선수를 비롯해 마해영, 자갈치 김민호, 진갑용, 손민한, 정근우, 박한이, 고(故) 박동희, 주형광, 염종석, 백차승, 강상수 선수 등 정말 숱한 스타플레이어를 배출했고 양상문 LG 단장님과 조원우 롯데 감독님도 부산고의 자랑스러운 선배님들이시다.

바로 그런 야구 명문 부산고등학교에 진학했던 것이다.

물론 아무리 야구에 미치고 야구를 잘한다 하더라도 고등학교 들어가서 야구를 시작한다는 것이 얼마나 무모한 도전인지 충분히 알고 있었다. 내가 그 정도 수준까지는 아니었다. 그래도 한 번 도전은 해보고 싶은 마음에 1학년 점심시간마다 야구부 감독님과 코치님이 다니는 길목에서 공을 던졌다.

반에서 친하게 지내던 친구 한 명을 포수로 앉혀 놓고 감독님과 코치님이 나를 쳐다볼 때까지 공을 뿌려댔다. 하루에 200개는 던진 듯싶다. 그런데 아무 반응이 없었다. 그래도 던지고 또 던졌다. 그러던 어느 날 드디어 지나가시던 코치님 한 분이 나에게 말을 붙이셨다.

"니 한 번 와서 테스트 받아볼래?"

어째 이런 일이? 그래서 그날 밤 학교 끝나고 집에 가자마자 형님께 자랑 비슷하게 이야기를 꺼냈다.

"코치님 한 분이 내보고 야구부 테스트 한 번 받아보라 카더라. 우짜꼬?"

이 말이 떨어지기가 무섭게 형님이 소리를 쳤다.

"이기 미쳤나? 쓰잘데기 없는 소리 말고 공부나 해라."

이 말 한 마디로 상황은 끝. 지금 와서 생각해보면 참 철없는 짓이었다. 아무튼 그래도 야구는 하고 싶어 대학 가자마자 야구부 동아리에 들어갔고, 교회에서도 마음 맞는 사람들끼리 모여 야구팀을 만들기도 했다.

직장에서도 서울 본사에 발령받자마자 서둘러 했던 일이 사내 야구팀을 만드는 것이었다. 이름 하여 금강다이아몬즈. 2006년에 창단한 금강다이아몬즈는 지금까지 이어지고 있다. 토요리그에서 준우승까지 차지한 적도 있었다.

비록 사회인야구지만 지금까지 내 타율은 대부분 5할을 넘었다.

젊었을 땐 공이 정말 빨랐는데 너무 내가 스스로 혹사(?)를 하다 보니 이젠 공 몇 개만 던져도 팔이 아프다.

직장 야구팀만으로도 모자라 교회 내의 성가대 야구팀도 만들었다. 물론 이 성가대 야구팀은 단 1승도 하지 못한 채 해체되는 아픔을 겪긴 했지만 참 좋은 추억으로 남겨져 있다.

지금 생각해보면 취미니까 그렇게 즐거울 수 있었던 것이지, 만약 직업으로 하는 프로야구 선수였다면 즐겁게 할 수만은 없었을 것이다.

비록 사회인야구지만 야구 선수의 꿈도 이루었다.


## "나도 기자요"

기자(記者)가 되었다고 자랑하면 너무 거창해 보일 수도 있겠다. 행여나 전문직 기자로 활동하시는 분들에게 실례가 되지 않을까 하는 조심스러운 부분도 있다.

결단코 기자님들에게 민폐를 끼칠 의도는커녕 기자님들을 왕 부러워하는 심정의 발로라는 것을 먼저 밝혀둔다. 그야말로 보통 사람들의 기자에 대한 선망을 대변하는 셈이라면 모를까.

어릴 때부터 글쓰기를 좋아하던 나는 신문을 만들고 싶었다. 초등학교 시절에는 학급신문을 창간해 보고 싶었지만 시골학교다 보니 인쇄가 쉽지 않았다. 당시는 복사기도 없었다. 특히 내가 다녔던 시골학교는 롤러로 밀어서 인쇄하는 등사기가 있는 정도였다.

등사기라고 하면 요즘 젊은이들에게는 아주 생소한 인쇄 방식이지 싶다. 기름을 먹인 얇은 종이를 줄판 위에 놓고 철필(가리방)로 긁어서 글씨를 쓰거나 그림을 그리면 구멍이 생기고, 이것을 고정

틀에 끼운 다음 잉크를 묻힌 롤러를 굴리면 잉크가 구멍으로 배어 나와 종이에 글씨나 그림이 나타나는 것이다. 요즘의 고성능 복사기나 프린터에 비하면 그야말로 아주 원시적인 인쇄술이다.

그런 형편이다 보니 학급신문은 엄두를 낼 수도 없었다. 회의 시간에 당시 반장을 맡았던 나의 제안으로 학급신문을 만들기로 결정했고, 담임 선생님께도 말씀드려 허락을 얻었지만 신문은 결국 무산되고 말았다.

그러다가 시간이 한참 흘러서 교회에 다닐 때 교회 대학부 신문을 만들게 되었다. 대학부 주보를 변형해서 신문으로 만들었던 것이다. 그것은 대학부 신문을 넘어 교회신문으로까지 발전했다. 게다가 내가 다니던 교회보다 훨씬 규모가 큰 대형 교회에서조차 신문 만드는 이야기를 들으려고 탐방을 오기까지 이르렀다.

어디든 끼어들어 뭔가를 도모하기 좋아하는 나는 당연직인 것처럼 우리 회사의 사보(社報) 기자도 맡고 있으며, 내가 살고 있는 지역신문의 명예기자로 활동하고 있을 뿐 아니라, <티뉴스>라는 신문의 정식 기자로도 임명되어 활동 중이다.

물론 바쁜 일상생활과 회사 일로 기사를 자주 쓰지는 못하지만 시간 날 때마다 나름 맛깔스러운 기사를 쓰려고 노력한다.

그래도 정식 기자증까지 갖춘 기자가 되었으니까.

아홉째 마당

# 아직 못다 이룬 꿈

## 아직 끝나지 않은 나의 꿈, 아버지

지금까지 내가 꿈꾸었던 대부분의 목표는 인간의 힘으로 할 수 있는 것들이었다. 물론 힘이야 들었겠지만 자신의 노력이 성사 여부에 상당한 영향을 끼쳤다.

하지만 인간의 힘으로, 내 힘으로는 안 되는 일도 있다. 부모가 되는 일, 바로 아버지가 되는 일이 바로 그것이다.

아이가 생기는 것 자체가 이렇게 어려운 줄 몰랐다.

대부분의 사람들이 쉽게 자녀를 잉태하고 또 출산하여 기르는 걸 본다. 누군가에게는 당연하고 쉬운 일일지 모르겠지만 또 다른 누군가에게는 너무도 힘든 일이다. 그 힘든 누군가가 바로 나일 줄은 꿈에도 몰랐다.

나도 그렇고 아내도 그렇고 아이를 무척이나 원하고 있다.

하지만 결혼 11년차인 지금도 아이가 없어 마음이 어려워 있다. 그동안 긍정적인 생각은 한 번도 버리지 않았다.

"어렵게 주시는 만큼 귀한 자녀를 주실 거야."

"조금만 더 기다리면 될 거야."

이런 생각으로 기도하며 버텨 왔다. 그런데 그 시간이 내 나이 44세인 지금까지 무려 11년이나 지났다.

혹시 병이 있을까, 병원에서 검사도 해보았지만 둘 다 아무 문제도 없다고 하였다. 그래서 큰 희망을 안고 용하다는 한의원에도 많이 찾아다녔다. 또한 인공수정 4번에 시험관만 3번을 하였지만 기쁜 소식을 아직까지 접하지 못했다.

물론 첫 인공수정 때 임신 소식을 들어 너무도 기뻤지만 5주 만에 자연유산이 되고 말았다. 나도 힘들었지만 아내는 마음도 힘들고 몸도 힘들었을 텐데 위로할 말을 찾을 수가 없었다. 특히 이런 인공수정이나 시험관 시술을 하게 되면 남자보다는 여자가 무척 힘들다고 한다.

그동안 호르몬 주사를 맞으면서 힘들어 하는 아내를 볼 때마다 내 마음도 너무 안타까웠다. 가끔은 '내가 죄 지은 것이 있어서 아기가 없나?' 하는 생각이 들기도 했다.

자녀를 학대하거나 아이를 버렸다는 뉴스가 요즘 심심치 않게 나올 때마다 나는 한숨이 절로 나왔다. 그토록 원하는 자녀인데 누군가에게는 소중하지도 않고 그저 하찮게 여기지는 것인가? 불공평하다는 생각이 들었던 것도 사실이다.

그래서 내가 잘 가지 않는 행사 중의 하나가 돌잔치다.

결혼 초기에는 나보다 결혼도 늦게 한 지인들이 돌잔치를 할 때마다 솔직히 가고 싶은 생각이 전혀 없었다. 부러웠기 때문이다. 지금은 너무 익숙해져서 그런 마음이 많이 사라지긴 했지만, 그래도 돌잔치라면 내키지 않는다.

꼭 한 아이의 아버지, 부모가 되고 싶다.

올해는 꼭 그렇게 되리라 믿는다.

그리고 아버지가 된다면 정말 부끄럽지 않은 아버지가 되고 싶다.

아버지께서 내가 어릴 때 일찍 돌아가셨기 때문에 오랫동안 함께 자식 곁에 머물러주는 아버지가 되고 싶다.


### 형제들과 해외여행을 꿈꾸다

지금의 내가 있게 된 것은 여섯 형들과 두 누님의 은혜가 가장 크다. 그래도 형제자매들이 십시일반 돈을 모아 학비를 대주고 용돈도 챙겨주었기에 내가 공부를 마치고 직장생활을 할 수 있었을 것이다.

그 은혜는 죽을 때까지 잊지 못할 것 같다. 그래서 지금도 형님들, 누님들에게 잘하려고 최대한 노력하며, 좋은 것이 있으면 나누려고 애쓴다.

그 연장선에서 이제 새로운 꿈이 생겼다.

바로 형제자매들의 해외여행을 내 손으로 보내드리는 것이다.

미국 서부여행 때 그랜드캐년, 자이온캐년, 브라이스캐년이라든지 요세미티 국립공원과 같은, 우리나라에서는 보지 못한 너무도 신기한 자연의 섭리를 보면서 이런 모습들을 꼭 형제자매들과 나누고 싶은 마음이 들었던 것이다.

물론 미국 서부여행을 고집하는 것은 아니지만, 세계의 다른 곳으로 여행하더라도 여행경비를 내가 감당하여 보내드리고 싶다.

아직은 나 역시 먹고 사는 게 바쁘고 다른 목표한 일도 있어 쉽지 않지만, 나는 꼭 이 계획을 이루고 말 것이다.

이 자리를 빌려 다시 한 번 형제자매들께 감사의 마음을 전한다.


### 지금도 학업 중

4년제 대학교는 아직도 나에게 아픈(?) 손가락 중의 하나다.

사범대학에 합격하고도 가정 형편으로 진학을 하지 못했다는 이야기는 앞에서 했다. 사실 학력이 사람을 판단하는 잣대가 될 수 없고, 게다가 요즘 같아선 고학력이라고 해서 취직을 잘한다는 보장도 없다.

나는 도리어 실업계 고등학교 학생들에게 강의를 할 때 잘한 선택이라고 이야기할 때가 있다. 대신 아쉬움이 남는다면 야간대학에 도전하여 공부를 계속하라고 이야기하곤 했다.

　나 역시 항상 아쉬움이 가슴 한쪽에 자리 잡고 있었다. 그래서 몇 년 전에 방송통신대학교 3학년 경영학과로 편입을 했다. 그때는 공부에 대한 열정이 식지 않고 완전 살아 있을 때라 3학년을 마치긴 했다. 물론 주경야독을 하다 보니 성적이 그리 신통치는 않았다.

　방송통신대학교는 정말 자기와의 싸움이었다. 게다가 일반 대학교는 일정한 시간표대로 수업을 듣기 때문에 공부습관이 들 수가 있지만 방송통신대학교는 가끔 수업이 있는 데다 혼자 독학을 해야 하는 방식이다 보니 본인의 의지가 무엇보다 강해야 한다.

　하지만 나는 그 의지가 몹시 약했던가 보다. 공부해야지 하다가도 다른 약속이 있으면 내일로 미루는 경우가 다반사였다. 그래서 몇 년이 지난 지금도 졸업을 하지 못하고 있다. 회사의 상사 분께서 전적으로 밀어줄 테니 꼭 졸업하라고 응원해 주시는데도 불구하고 여전히 졸업을 위해 힘든 싸움을 하는 중이다. 아니 아예 4학년 수강 등록도 하지 못하고 있다.

　워낙 개인적으로 하는 일이 많다 보니 솔직히 공부까지 하기는 무척이나 힘든 싸움이다. 더구나 공부는 때가 있다는 것을 알기 때문에 다시 한 번 분발해야 할 것 같다.

　원래는 방송통신대학교를 졸업하고 일반대학교 대학원에 진학하는 것이 목표였다. 그렇다고 지금 그 목표를 완전히 내려놓거나 내다버린 것은 아니다. 분명히 내년에라도 나는 다시 도전할 것이고 꼭 대학원까지의 꿈을 이룰 것이다.

　독자 여러분께서 응원해주시면 감사하겠습니다.^^

## 인정받는 회사원의 길은?

직장인이라면 누구나 회사에서 인정받고 싶어 할 것이다.

직장뿐만 아니라 어느 조직에 소속되어 있더라도 이왕이면 인정받고 싶어 하는 것이 인지상정이다.

나 역시 지금보다 더 인정받는 회사원이 되고 싶다. 지금의 회사 금강공업에서 꼭 필요한 그런 존재로 남고 싶다는 말이기도 하다. 그러면 어떻게 해야 할까?

내가 지금 맡고 있는 업무에서 최고가 되고 싶다. 경영진은 물론 직원들에게까지도 잘한다는 칭찬을 듣고 싶다. 그러자면 최선을 다하는 것이 우선이다. 내일 당장 회사를 그만둔다 할지라도 오늘 저녁 퇴근하기 전까지는 내가 하던 일에 최선을 다하고 싶다.

회사 일을 내 일처럼, 내 가족의 일처럼 하고 싶다. 나는 매일 같이 우리 회사를 위해 진심으로 기도하고 있다. 회사가 늘 잘 되고 번창하도록 기도한다. 아울러 직원들의 안전을 위해서도 기도한다.

그렇다고 해서 "나 없으면 안 돼!" 하는 독선은 절대 반대다. 내가 없어도 내 후임이 잘할 수 있도록 모든 것을 알려 주면서 더불어 일하고 싶다. '참된 리더'라면 조직의 코치, 조직원의 멘토 역할을 할 수 있어야 한다고 생각하기 때문이다.

나의 욕심만 채우기 위해 업무를 혼자 꾹 쥐고 독점하면서 전횡(專橫)을 일삼고 싶지 않다. 교육에도 후학 양성이 중요하듯이 회사에서도 후임 양성이 중요하다. 그것이 진정 회사를 위하는 일이라고 생각한다.

나는 우리 회사가 너무 좋고 자랑스럽다.

내로라하는 세계 일류기업이나 글로벌 회사보다, 우리나라에서 손꼽히는 대기업에 다니는 것보다 우리 회사 금강공업에 다닌다는 것이 자랑스럽다.

적어도 우리 회사에 대한 자부심은 내가 스스로 만들어나가는 것이고, 내가 최선을 다할 때 나도 회사에서 인정받을 수 있기 때문이다.

## 단독 콘서트와 DJ의 꿈

아직은 무명가수다.

그래서 길거리를 지나가도, 식당에서 밥을 먹어도 아무도 알아보지 못한다. 도리어 식당에 가서는 "제가 가수입니다."라고 이야기를 해야 그제서야 사장님이 고개를 끄덕일 때가 있다. 심지어는 식당에 가서 유명인이 방문하고 남긴 사인이 걸려 있으면 사장님이 사인을 요청하는 것이 아니라 내가 사인을 해주겠다고 이야기할 때도 있다.

또 어느 핸가 아내와 해외여행을 갈 때, 그날 인천공항에서는 사상 최대의 인파가 출국을 했다고 하는데 역시나 그 많은 사람들 중에서 내가 가수라고 알아보는 이는 아무도 없었다. 어쩌면 우리 형제자매들도 내가 가수라는 것을 잊어버릴 때가 있는 듯하다.

그만큼 무명(無名)의 가수라는 이야기다.

이런 무명인 내가 단독 콘서트를 꿈꾸고 있다.

빅뱅이나 최고 인기 가수들처럼 큰 무대는 아니어도 좋다. 꼭 잠실운동장이나 상암의 월드컵경기장이 아니면 어떠랴. 작은 소극장이라도 좋다.

나만 아는 지인들 몇 분만 올 수도 있다.

단 한 명의 동호인 아내만 올 수도 있다.

하지만 내 노래를 들어주는 사람들 앞에서 스토리를 가지고 노래를 불러보고 싶다. 장르도 다양하게 하고 싶다. 트로트는 당연하고, 성악가 톤으로, 그리고 락커 버전으로도…….

언젠가는 단독 콘서트의 꿈을 이루리라 믿는다.

DJ도 버킷리스트의 하나다.

앞서도 이야기했듯이 지금까지 살아오면서 목소리 좋다는 말은 너무 많이 들었다. 그렇다 보니 목소리만큼은 자신감이 생겼다. 요즘도 가끔 차 안에서 라디오 DJ를 따라하곤 한다.

학창시절에는 <별이 빛나는 밤에>가 한창 인기 프로그램이었다. 그 프로그램의 멘트를 혼자 따라하면서 내가 그 라디오 DJ의 자리에 앉아 있는 모습을 상상하곤 했다.

"별이 빛나는 밤에. 안녕하세요, 별밤지기 이제윤입니다. 지금 창 밖에는 봄을 재촉하는 비가 내리고 있습니다. ……."

물론 게스트로 라디오에 나온 적은 있다고 하지만 내가 메인을 맡아본다는 상상을 아직도 가끔은 한다.

아직은 구사할 수 있는 구수한 경상도 사투리 억양을 청취자들이 어떻게 듣고 받아들일지는 모르겠지만, 굵직한 배우 이선균 같은 목욕탕 목소리도 들려드리고 싶다.

## 내 집을 직접 짓는 목수

가끔 TV에서 본인이 직접 지은 집이 공개되는 것을 본 적이 있다. 나 역시 내가 직접 지은 집에서 살고 싶다. 물론 전문 지식이 없기 때문에 혼자서는 절대 할 수 없을 것이다. 최대한 비용도 줄일

겸 내가 할 수 있는 것들은 내가 직접 해보고 싶은 욕심이 생겼다.

나름 세컨드하우스라고 하는, 지금의 컨테이너 농막 옆에 수돗가도 직접 만들었다. 먼저 사이즈를 재고, 삽으로 터를 닦고, 삐뚤어지지 않게 현장 용어로 먹줄도 매고, 벽돌과 시멘트 미장도 직접 하여 수돗가를 만들었다.

그 다음엔 가마솥을 거는 화덕도 직접 만들었다. 전문가들이 보기에는 너무도 형편없을지 모르겠지만 초등학교 시절 시골집에 시멘트 공사하는 것을 보면서 나도 자주 따라 해봤던 기억이 있어서 그런지 그래도 초보자가 만든 것 치고는 꽤 잘 만들었다고 자부한다.

전문으로 공사를 하시는 분에게도 사진을 보여드렸더니 잘했다고 칭찬을 하셨다. 지인들도 내가 만든 화덕을 보면서 깜짝 놀라곤 한다. 그저 내가 무엇인가를 직접 만들었다는 사실에 감사하고 뿌듯할 뿐이다.

아무튼 건축사 친구가 있어서 지금도 가끔 미래에 지을 나의 집에 대해 자주 자문을 구하고 있다. 일단 설계 도면은 내가 원하는 방향으로 그 친구가 작성해주기로 철석같이 약속했다. 물론 비용은 최대한 저렴하게^^.

내가 지은 집.

생각만 해도 뿌듯하고 기분이 좋다.

누군가는 이야기할 것이다. 그냥 업자에게 맡기면 몸도 편하고 마음도 편할 텐데, 무슨 청승이냐고.

내 힘으로 도저히 안 되면 맡기겠지만 웬만한 것은 직접 만들고 싶다. 공기 좋은 자연 속에 내가 지은 집에서 사는 것이 나의 로망이자 목표다.

## <상남자야>가 전국에 울려 퍼지기를 꿈꾸다

솔직히 가수로서는 좀 부족하다 싶은 실력이다.

그래도 이왕이면 내 노래가 전국에 울려 퍼졌으면 하는 꿈을 꾸고 있다. 물론 위에서도 이야기했듯이 라디오방송을 타긴 했지만 이왕이면 노래가 더 유명해지는, 더 큰 꿈도 꾸고 싶다. 유명해져서 사람들이 나를 알아보는 것은 솔직히 원하지도 않는다. 난 그저 내 노래가 이곳저곳에서 많이 울려 퍼지길 소망하고 또한 그렇게 될 것이란 확신도 든다.

이런 확신은 어디에서 나오는지 모르겠지만 확신을 가진다고 돈 들어가는 것도 아니니 큰 꿈을 가진들 누가 뭐라고 할쏘냐?

<상남자야>, <한눈에 뿅>, <슈퍼파워>, <도돌이표 사랑>, <아버지>, <밤바다 가자>……내 자식 같은 6곡. 모두가 히트 예감이다.

## 열째 마당
## 꿈에 도전하는 사람들과 나누고 싶은 이야기

## 꿈을 포기하는 것은 인생을 포기하는 것이다

나보다 멋진 인생을 살았고, 또 훌륭한 강의를 하는 분들은 얼마든지 있다. 그리고 그런 분들을 비롯하여 인생의 고수들이 써낸 자기계발 서적들도 너무 많다.

그에 비해 나는 대단한 삶도 아니고 글 솜씨마저 부족하다. 그저 나 같이 부족한 사람도 이렇게 할 수 있었고 해낼 수 있었다는 것을 이 책을 통해 보여주고 싶었을 뿐이다.

나는 억대 연봉자는커녕 평범한 회사원이다. 그렇다고 부모님으로 물려받은 재산은 단 1원도 없었다. 나는 무일푼으로 사회생활을 시작했다. 이런 내가 꿈꾸었던 많은 목표들을 해냈던 것처럼 누구나 나처럼 할 수 있을 것이라고 생각한다.

꿈의 원동력은 희망이다. 절대 희망의 끈을 놓지 말기 바란다. 희망의 끈을 붙들고 있으면 누구나 꿈을 이룰 수 있다고 생각한다.

그래서 감히 주제넘게 내가 생각해 왔고 실천해 왔던 몇 가지를 이야기하려고 한다. 물론 이것이 절대 정답은 아니다. 제 눈에 안경이라고 하듯이 입맛에 맞는 이야기만 참고하시기 바라며 어디까지나 자기 소신대로 꿈을 이뤄나가시길 소망한다.

작든 크든 누구나 꿈이 있고 또한 그 꿈에 도전한다.

꿈이 있다는 것은 나름대로 미래를 설계한다는 말이다. 그리고 꿈은 미래를 기대하는 활력소가 되기도 한다. 나도 꿈을 꿀 때마다 내일이 기대되고 1년 후나 5년 후, 또는 10년 후의 내 인생이 기대된다.

남다른 꿈을 꾸고, 그 꿈을 이루지 못하면 어떤가?

도전했다는 사실 자체만으로 나는 감사하게 생각하고 있다. 적어도 인생을 뒤돌아봤을 때, "꿈꾸었노라. 그리고 도전했노라." 하면 후회는 남지 않을 것이다.

그래서인지 나는 지금도 하루하루가 즐겁고 활기가 넘친다. 내 힘의 원동력은 바로 뭐든지 꿈꾸고 도전하는 것이다. 만약 나에게 아무런 꿈도 없었다면 이런 활력과 에너지가 넘쳤을까? 또한 그 꿈들이 이만큼이나마 이루어졌을까?

그래서 나는 감히 이야기하고 싶다. 꿈이 없는 것은 미래가 없는 것이고 꿈을 포기하는 것은 인생을 포기하는 것이라고.

이 책을 읽은 지금, 여러분은 미래를 꿈꾸고 있는가?

혹시 지금의 꿈이 두려워서 두고두고 후회로 남기고 싶은가?

스스로에게 이 질문을 던져 보고, 지금 바로 도전해 보기 바란다.

## 현실을 비관하지 말자

나도 한때는 불만이 가득한 '투덜이'였다.

우리 부모님은 왜 부자가 아닐까? 왜 남들보다 잘 살지 못해서 사고 싶은 것도 제대로 사지 못하는 걸까? 나도 남들처럼 부모님의 작은 도움이라도 받았으면 그래도 좀 더 잘 살 수 있지 않았을까?

이런 생각을 하며 비관했던 적이 있다. 솔직히 이제 와서 그때의 그런 내 모습을 생각하면 너무 부끄럽다. 현실을 비관하며 아무 일도 하지 않았던 그 시간들이 너무 아까웠다는 사실을 깨달은 것이다.

비관한다고 해서 현실은 절대로 바뀌지 않는다. 요즘 드라마에 나오는 주인공의 경우처럼 갑자기 재벌 아버지가 나타난다는 것은 현실적으로 가능한 일이 아니다. 바뀌지 않는 것을 고민한들 무엇 하며 비관해 본들 무엇 하랴. 차라리 그 시간에 미래를 설계하고 새롭게 꿈꾸는 것이 훨씬 생산적이다.

사람마다 태어난 환경이 다르다. 어떤 사람은 재벌 집안의 아들이 될 수도 있고 어떤 사람은 그저 평범한 집에서 태어날 수도 있고 또 어떤 사람은 소위 말하는 흙수저 집안에 태어날 수도 있다. 태생의 환경을 자기 마음대로 선택할 수 있는 사람이 어디 있겠는가.

이렇게 생각하면 마음이 편할 것 같다.

'재벌 집안에 태어난 사람보다 보통의 환경 정도로 태어난 사람이 대부분이고, 나보다 더 못한 환경에서 태어난 사람도 얼마든지 있다.'

말하자면 대부분의 사람들은 자기와 비슷한 처지라는 것을 안다면 비관할 일이 무엇이랴. 물론 사람이 위를 쳐다보면서 살기도 해야 하지만 가끔 주변이나 아래를 바라보면서 살면 자기 스스로에 대해 감사함이 생길 때도 있다.

남의 도움을 받아 일어서는 것은 누구나 할 수 있다. 하지만 자기 운명을 자기 스스로 헤쳐 나가는 것이야말로 성공하는 인생이라고 할 수 있지 않을까?

'나는 지금 나 자신과 현실을 비관하고 있지는 않은가?'

되돌아보며 성찰하는 시간이 되길 바란다.


## 열정과 성실은 기본이다

여러분의 열정 지수는 얼마나 되는가?

그리고 꾸준함과 성실함은 어느 정도인가?

많은 사람들이 말로는 열정을 외치지만 실제로 행동과 결부되어 구체적인 실천으로 나타나는지 궁금하다. 스스로 자신의 열정을 체크해 보기 바란다.

 아무리 큰 꿈이 있고 나름 꼼꼼하게 미래를 설계하였다고 한들 열정 없이는, 또 꾸준함과 성실함 없이는 꿈이 이루어진 미래란 남의 이야기일 수밖에 없다.

 남들보다 뒤쳐져 있는 마라톤에서 오늘은 피곤하니까 좀 쉬었다 가고, 내일은 비가 오니까 비를 피했다 간다면 과연 우리가 언제 남들을 이길 수 있을까? 설사 이기지는 못하더라도 이 핑계 저 핑계로 꼬치처럼 제 몸을 감춘 채 과연 비슷하게나마 달려갈 수 있을까?

 꿈에 대한 열정, 일에 대한 열정, 미래에 대한 열정 없이 자신이 바라는 인생의 목적지에 도달하기는 힘들 것이다. 이런 열정에 꾸준함과 성실함까지 곁들인다면 여러분은 반드시 꿈을 이룰 수 있을 것으로 믿어 의심치 않는다.

 지금이라도 자기 자신이 열정과 성실함을 가지고 꾸준히 할 수 있는 일이 무엇인지 그것부터 생각해보자.


## 주말과 휴일을 이용하자

 대부분의 직장인들은 주말과 공휴일을 집에서 쉬는 날로 여긴다. 여러분은 어떤가? 그리고 쉬는 날의 내 모습을 생각해보자.

 리모콘 들고 소파에 누워서 TV 채널을 돌리고 있지는 않은가? 게임에 심취해 시간 가는 줄 모르지는 않은가? 이불 속에서 나오기 싫어서 뒹굴뒹굴 하루 종일 잠으로 시간을 보내고 있지는 않은가?

 아마도 많은 분들의 공통된 모습일 수도 있다.

 절대로 이렇게 하지 말라는 이야기는 아니다. 때로는 이런 시간도 있어야 한다. 그렇게 하면서라도 한 주간에 쌓인 스트레스와 피로를 날려 버릴 수만 있다면 괜찮은 방법이기도 하다. 나 역시도 가끔은 TV 채널과 씨름하면서, 또 하루 종일 잠을 자면서 보낸 적도 있다. 하지만 극히 몇 번일 뿐 자주는 아니다.

내가 직장인으로서 남다른 꿈을 꾸고 있다면 하고 싶은 일을 평일에 해낸다는 것은 불가능한 일이다. 그렇다면 결국 주말과 휴일을 이용할 수밖에 없다. 때로는 위에서도 이야기했던 것처럼 푹 쉬고 잘 쉬는 것도 중요하지만, 미래를 위해 그 시간을 투자해 보면 어떨까?

남다른 꿈이 취미생활일 수도 있고, 새로운 미래를 준비하기 위해 공부를 하는 것일 수도 있다. 어떤 경우든 잠시 직장의 울타리를 벗어나는 주말이나 휴일은 남다른 꿈을 특별하게 만들어주는 시간이 되고도 남을 것이다.

이미 세상에서 선망의 대상이 되고 있는 많은 분들이 책을 통해서, 또 강연을 통해서 꿈을 이루고 성공하려면 주말과 휴일을 잘 이용해야 한다고 이구동성으로 강조한다.

나는 토요일이면 보통 아침 6시 정도에 일어났다. 늦어도 7시에는 무조건 기상을 했다. 요즘은 토요일마다 새벽기도회에 나가기 위해 5시 30분이면 일어난다.

토요일에 일찍 일어나면 농사짓고 있는 밭으로 향하거나 아니면 가끔 요청이 들어오는 행사에 맞춰 준비를 하고, 대개 재능기부도 주말에 많이 일정을 잡고 있다. 이런 일이 아니더라도 토요일에 일찍 일어나면 평소에 가보고 싶었던 곳으로 아내와 함께 여행을 하거나 스포츠를 즐기기도 한다.

조금만 더 부지런해져 보자.

나의 인생이 또 어떻게 바뀔지 기대가 되지 않는가?

## 적금은 무조건 가입하자

나는 직장생활을 시작하자마자 은행으로 찾아갔다. 그리고 처음 만든 것이 청약저축통장이었다. 당시는 최대한도가 월 10만 원이었기 때문에 월급을 타면 최우선으로 불입했다. 그 청약통장이 바로 내 집을 가질 수 있도록 해준 원동력이었다.

그리고 적금통장을 더 만들었다. 지금은 초저금리 시대라 적금통장을 통해 이자수익을 올리기는 사실상 어려운 일이다. 단지 여기서 내가 하고 싶은 이야기는 그 통장 하나하나를 통해서 미래의 꿈을 키우라는 것이다. 또한 목표를 달성하는 기쁨도 맛보라는 것이다.

처음에는 몇 만 원, 몇 십만 원이지만 이 돈이 한 달 한 달 쌓여 가면 몇 백만 원이 되고, 몇 천만 원이 된다. 통장의 잔고를 확인할 때마다 내가 이만큼 모았고 이만큼 이루었다는 기쁨과 뿌듯함이 몰려올 것이다.

나는 매년 월급이 오를 때마다 통장을 별도로 만들었다. 또한 성과급이나 보너스가 나오더라도 아내와 한 번 회식할 비용만 빼고는 고스란히 적금통장으로 들어갔다.

사람들은 대개 월급이 오르거나 생각지도 않던 돈이 들어오면 돈 쓰는 일부터 생각하기 일쑤다. 몇 십만 원의 월급이 오르더라도 따로 통장을 만들어서 관리해보자. 1년만 지나도 몇 백만 원의 잔고가 남는다.

많은 돈은 아니지만 나도 주식을 조금 한다.
대신 주식에 대한 나의 철칙이 있다. 수익이 나면 수익이 난 만큼은 무조건 주식계좌에서 빼내 적금통장으로 입금하는 것이다. 수익이 난 만큼 다시 재투자하면 더 큰 돈을 벌 수도 있겠지만 나는 절대 욕심을 내지 않는다.

수익이 난 만큼 재투자를 했는데 주식이 하락한다면 결국은 수익이 난 게 아니라는 결과가 되는 것이다. 그래서 나는 무조건 수익이 나면 적금통장으로 직행하게 만든다. 그래서 원금은 항상 그대로 둔 채 주식을 하고 있다.

주식계좌에 빨간색도 좋지만, 풍성한 적금통장이 더 마음이 안정되고 좋다.

## 하지 않고 후회할 바에야 하고 후회하자

'결혼은 해도 후회, 안 해도 후회'라는 말들을 한다.

이 말에 대해선 많은 분들이 공감하는 듯하다. 나도 때때로 아내와 싸울 때면 후회할 때도 있긴 하다. 하지만 늘 그래도 안 한 것보다야 한 것이 낫다는 생각을 한다.

꿈에 대한 도전도 마찬가지가 아닐까.

도전해 보지도 않고 꿈만 꾸고 있다가는 나중에 후회하게 마련이다. 나이 들거나 이제는 도전조차도 할 수 없는 시기가 되어 그제서야 "그때 해 볼 걸." 하고 후회해본들 소용이 없다. 비록 실패해서 "괜히 했네." 하고 말할 수는 있겠지만, 적어도 후회는 덜하리라 생각된다.

좋아하는 여자가 있는데 말도 안 걸어보고 고백도 안 해 보고 혼자서 가슴앓이를 하다가 후회하는 것이 나을까? 아니면 거절당하더라도 용기를 내서 고백하는 것이 나을까?

나는 무조건 후자를 택하고 싶다.

어느 인터넷 웹툰에서 이런 구절을 본 적이 있다.

"하고 나서 하는 후회는 반성이 돼서 앞을 보게 하지만, 안 하고 나서 후회하는 것은 미련이 돼서 뒤를 돌아보게 한다."

지금 여러분은 어느 쪽을 선택하고 싶은가?


## 호프맨이 되지 말고 두맨이 되자

누구나 잘 되고 싶어(Hope) 한다.

누구나 부자가 되고 싶어 한다. 누구나 더 조건 좋은 남자, 더 조건 좋은 여자와 결혼하고 싶어 한다. 그리고 누구나 공부 잘하고 싶어 하고, 회사에서도 승승장구하고 싶어 한다.

아마도 이 '~~하고 싶어 하다.'라는 단어는 100%의 사람, 사람이면 누구나 바라는 단어일 것이다. 아마 지금 이 순간도 누군가는 무엇인가 하고 싶어 할지도 모른다.

하지만 많은 사람들은 그저 '희망하다.' 또는 '하고 싶어 하다.'라는 단어 'Hope'에서 끝내는 경우가 많을 성싶다. 여기선 나는 이런 사람을 '호프맨(Hope Man)'이라 부르기로 한다.

호프맨도 중요하겠지만 더 진화한 사람을 '두맨(Do Man)'이라 부르면 좋을 듯하다. 바람보다는 실행이 더 중요하다는 뜻이다. 사람 이름처럼 부른다면 '호프만'과 '두만'이.

다들 공부는 잘하고 싶어 하지만 그 공부를 잘하기 위해 나는 얼마나 노력하고 실행했는가? 잘 살기 위해서, 부자가 되고 싶은 나는 지금까지 무엇을 했는가? 복권 1등 당첨이 되고 싶다면 복권을 사야지만 당첨될 수 있는 것이지 복권도 사지 않고 1등에는 당첨되고 싶은가? 그렇다고 로또를 사서 행운을 기다리자는 이야기는 아니다.

공부도 안 하면서 1등은 하고 싶은가? 성실하게 열정적으로 살지도 않았으면서 잘 살고는 싶은가? 나는 준비도 안 되어 있으면서 좋은 여자 또는 좋은 남자는 만나고 싶은가? 좋은 회사에는 들어가고 싶은가?

지금 이 시간 한 번 자신을 한 번 되돌아보기 바란다.

자신이 '호프맨'인지 '두맨'인지.

## 오늘 지금부터 당장 시작하자

다이어트를 하는 분들의 이야기 중에 입에 발린 소리가 있다.
"오늘까지 먹고 내일부터는 다이어트를 해야지."
또 금연을 하려는 분들이 입버릇처럼 하는 이야기도 비슷하다.
"오늘까지만 이 담배 피고 내일부터 끊어야지."
금주를 선언하는 하고 많은 분들은 다를까?
"오늘까지만 마시고 내일부터 금주다."
여러분은 과연 이렇게 입버릇처럼 입에 발린 약속이 얼마나 지켜질 것이라고 생각하는가? 많은 사람들이 '내일부터, 내일부터, 내일부터'라고 부르짖는다.

감히 이야기한다. 절대 안 된다. 내일부터라는 것은 안 한다는 말이라고 이야기하고 싶다. '내일부터'가 아니라 '지금부터'다.
"지금부터 해야 한다."
"바로 이 시간부터 해야 한다."
"내일부터 공부해야지."가 아니라 "지금부터 공부해야지."다.

어린 시절의 나는 아무리 많이 먹어도 워낙 몸이 약하고 살이 안 쪄서 별명이 갈비였다. 그래서 살찌는 게 목표였다. 내게 그런 시절이 있었던가 싶을 정도다.

그런데 군대 다녀온 후 체질이 변했는지 살이 찌기 시작하더니 90kg을 넘긴 것이다. '빼빼로'라는 별명으로 불리던 내가 '미륵'이라는 별명으로 불리기도 했다. 몸이 점점 무거워지기 시작했고 위기감을 느낄 정도였다.

더 이상 안 될 것 같아 '지금부터 다이어트 시작이다.' 굳게 마음먹고는 당장 그때부터 1년 동안 날마다 하루도 거르지 않고 1시간씩 동네를 걸었다. 비가 오면 우산 쓰고 날씨가 추우면 꽁꽁 동여매고 집을 나섰다. 몇 개월이 지나지 않아 13kg을 감량하였다. 지금도 그때 감량했던 상태의 그 체중을 거의 유지하고 있는 중이다.

내가 가수의 길을 가겠다고 머릿속으로만 생각하고 있었으면 어떻게 되었을까? 여전히 지망생, 만년 가수 지망생으로 살아가고 있을 것이다.

그때 나는 생각만 하는 게 아니라 바로 행동에 옮겨 구체적으로 가수가 되는 길을 알아봤기 때문에 그 꿈을 이룰 수 있었다. 그리고 아직은 '무명'이라는 여건을 벗어나지 못했지만, 언젠가는 '유명'의 반열에 오르기 위해 지금도 여전히 분투하고 있다.

여러분도 '내일부터'가 아닌 '지금부터' 한 번 도전해 보시길!

## 부모님에게 효도하자

내가 좋아하는 송강 정철의 시조를 소개한다.

어버이 살아 실제 섬기기란 다 하여라
지나간 후면 애달프다 어이 하리
평생에 고쳐 못할 일은 이뿐인가 하노라

아마 초등학교 때 배운 시조였던 것으로 기억된다. 그때 외운 시조였는데 아직까지 외우고 있다. 그리고 부모님이 그리울 때마다, 특히 어버이날이 되면 생각나는 시조다. 부모님이 두 분 다 돌아가신 후로 이 시조가 나에게는 더 크게 다가오는 것 같다.

부모님께서 살아계실 때 잘해야 한다. '죽어 석 잔 술이 살아 한 잔 술만 못하다.'는 속담처럼 돌아가신 다음에는 아무리 잘해도 소용이 없다. 참 안타깝게도 우리는 부모님이 돌아가신 다음에야 알게 되고 후회가 되는 듯하다.

어떤 이는 이렇게 이야기한다. '살아계실 때 아무리 잘해 드려도 돌아가시면 못해 드린 것만 기억이 난다.'고. 그 말이 무슨 뜻인지 나 역시 깨닫고 있다.

## 인생의 멘토를 만들자

자신의 인생에서 본받을 만한 멘토가 있는지 돌아보라.
없다면 그런 사람을 최소한 한 명이라도 만들어보자.
연예인이나 유명학자 등 공인이어도 좋고, 회사에서도 만들 수 있고, 각자가 속해 있는 단체에서 만들 수도 있다.
더 좋은 경우라면 '다다익선(多多益善)'이 아닐까 싶다. 회사, 교회, 동호회 등 자기가 속해 있는 곳마다 한 명씩 멘토가 있다면 더할 나위가 없을 듯하다.

나는 사실 학교 다닐 때까지만 해도 딱히 멘토가 없었다. 하지만 언젠가부터 인생에 있어서 닮고 싶고 나도 그렇게 따라하고 싶은 분이 생기기 시작했다.

먼저는 회사에서 멘토가 생겼고 또한 교회에서도 정말 본받고 싶은 멘토가 많이 생겼다. 또한 동문 사회에서도 멋진 멘토들이 생겼다. 아파트 단지 내에서도 멘토가 계신다.

멘토가 있다는 것은 목표가 있다는 것으로 바꿔 말할 수도 있다. 단, 멘토로만 생각하는 것으로 끝내면 안 된다. 멘토로 생각하는 분이 있다면 그 멘토를 닮아가려고 노력하는 것이 더 중요하다.

"저 사람 참 멋진 나의 멘토야."

이렇게 끝낼 일이 아니라는 말이다.

"나도 저 분처럼 해야겠다."

이런 자세가 더 중요하다는 말이다.

여러분은 그런 멘토가 있는가?


## 나눔의 기회를 가지자

나눌 수 있는 것만큼 기쁨이 넘치는 경우는 없는 듯하다.

나누는 삶만큼 행복한 경우는 없는 듯하다.

나 역시 예전에는 몰랐는데 이제야 그 기쁨을 조금이나마 알 수 있을 것 같다. 물론 내가 큰 것을 나누는 것은 아니지만 작은 것이나마 나눴을 때의 기쁨은 정말 이루 말할 수가 없다.

어떤 사람들은 나눔에 대해 손해를 본다고 생각하는 듯이 이야기하기도 한다. 나에게도 가끔 이런 질문을 하는 사람들이 있다.

"힘들게 농사지어서 왜 남들 다줘요?"

하지만 내가 겪어보니 그게 아니다. 지금 당장은 아까워 보이고 손해나는 것처럼 보이지만 결국은 그것이 모두 자기에게로 돌아오는 듯하다. 베푼 만큼 사랑이 되돌아오고 베푼 만큼 자신의 마음이 넉넉해지고 풍요로워진다는 것을 느낀다.

어떤 분들은 내가 나눠드린 것보다 더 큰 것을 보답으로 내게 주실 때도 있다. 또 어떤 때는 집안에 선물이 가득할 때도 있다. 주고받는 기쁨이 이런 것인가 보다.

누가 나한테 베풀어 주기를 기다리지 말고 내가 베푸는 게 먼저다. 그리고 나보다 나은 사람에게 베풀기보다 나보다 형편이 못한 사람에게 베푸는 것이 좋다.

소위 잘 나가는 사람, 잘 사는 사람에게 베풀고 나누고 잘하는 것은 누구나 쉽게 할 수 있다. 하지만 나보다 못한 사람에게 잘하기란 쉽지 않다. 작은 나눔이나마 필요한 곳이 있는지 주위를 한 번 둘러보자.

언젠가 가정형편으로 공부를 계속하기 어려운 학생에게 지인들과 함께 1만 원씩 십시일반으로 모아 1년을 지원해준 적이 있다. 작은 금액이지만 정말 보람이 있었던 나눔으로 기억된다.

나눔이라면 아내도 역시 빠지지 않는다. 아내는 몇 년 전부터 매월 3만 원씩 해외 아동을 1대 1로 후원하는 단체에 기부금을 보내고 있다.

나눔은 마음먹기에 달렸지 절대로 어려운 일이 아니다.


## 사람을 대할 땐 진심으로 다가가자

사람을 대할 땐 진심으로 다가가 보자. 진심은 통한다. 누군가를 위해서 진심으로 기도해보자. 그러면 그 사람도 나에게 진심으로 다가올 것이다.

나는 상대에게 겉으로만 대하면서 상대방은 나에게 진심으로 다가오길 바라고 있다면 스스로 자신을 뒤돌아봐야 한다.

여러분은 혹시 안부 인사를 단체문자나 카카오 톡으로 보내지는 않는가? 한 번 거꾸로 생각해보자. 자신이 단체문자를 받으면 어떤 느낌이 드는가?

안부 인사가 고맙다는 마음보다는 솔직히 스팸 같은 생각이 들 수도 있다. 나는 명절 인사를 할 때도 절대로 단체 문자를 보내지 않는다.

카카오 톡을 이용할 때도 일일이 개인적으로 인사를 하고 안부를 묻는다. 나의 카카오 톡 친구가 1700여 명이나 되니 전부 보낼 수는 없지만 적어도 수백 명에게는 일일이 개인 문자를 보낸다. 하루 날 잡아서 보내는 수고를 해야 하지만 적어도 받는 사람이 스팸으로 생각하지는 않을 것이다.

이처럼 일상생활에서의 작은 처신 하나하나에서도 진심은 느껴지게 마련이다. 진심으로 상대방에게 다가가면 상대방도 마음을 열 테고, 여러분의 이미지도 훨씬 좋아질 것이다.

진심을 표현하는 방법의 하나로 평소에도 가끔 연락을 하자.

평소에 연락을 하지 않던 친구가 연락을 해올 때 어떤 생각이 드는가? 청첩장 돌릴 일이 있거나 부탁할 일이라도 있나 보다 하는 선입견이 들 때가 많다.

아무튼 평소에 가끔이라도 연락하던 친구의 부탁을 받으면 당황스러울 까닭이 없다. 형편껏 부탁을 들어줄 수 있으면 들어주고, 들어줄 수 없으면 그렇게 설명하면 된다.

그런데 연락 한 번 없다가 갑자기 어떤 부탁을 하는 연락이 오면 당혹스럽고 부담이 되게 마련이다. 그러면 '평소에는 연락 한 번 없더니 필요하니까 연락하네.' 하고 생각하는 것은 인지상정이다.

평소에 서로 안부를 묻는 연락이라고 하는 것이 지속적인 인간관계다. 분기에 한 번씩이라도 날씨나 건강을 주제로 계절 인사를 하는 것은 어떨까?

결국 역지사지(易地思之)다. 사람 마음은 모두 비슷하다고 생각하면 쉽다. 상대방의 입장에서 생각하면 인관관계가 더 좋아지게 마련이다.

언젠가 나는 회사에 출근한 상태였고, 갑자기 아내가 아프다는 연락을 받았다. 급한 마음에 같은 아파트에 살고 있는 친한 분께 전화를 드렸더니 흔쾌히 우리 집으로 달려가 자기 차량으로 아내를 병원에 데려다 주시고, 치료를 마친 다음 돌아오는 길까지도 함께 해주셨다.

또한 힘든 일을 겪을 때는 많은 분들이 내 이름을 부르며 기도하고 있다는 연락을 받기도 한다. 평소에 연락을 하고 서로 응원할 수 있다면 인간관계는 얼마든지 돈독해질 수 있다.

이것이 바로 진심의 힘이 아니겠는가.


## 믿음을 심어주자

앞서 이야기한 진심과 믿음은 동일선상에 있다.
진심으로 다가가면 자연스럽게 믿음이 생기는 것은 당연하다.
다음 문장에 자기 이름을 넣어 보자.
"○○○ 이 사람은 믿을 만한 사람이다."
여러분은 이런 말을 들을 수 있는가?

"이제윤 이 사람은 100% 믿을 만한 사람이다."

이 정도면 솔직히 오만하거나 교만하다고 할 수도 있을 것이다. 나 역시 누군가에게는 믿을 만한 사람이겠지만 또 누군가에게는 믿을 만한 사람이 아닐 수도 있다. 하지만 적어도 믿음을 심어주려고 노력은 하고 있다.

가끔 친구들이나 지인들이 자신이 판매하는 제품을 회사 사람들이나 주위 사람들에게 팔아달라고 요청할 때가 있다. 지인들에게 소개하여 1만 원짜리 물건을 100여만 원어치 판매해준 적도 있고, 또 몇 년 동안 해마다 7~8백만 원어치를 판매해준 적도 있다.

물론 아무 대가 없이 그렇게 해주었고 대가를 바라지도 않았다. 단, 제품이나 상품에 믿음이 가야만 하고, 품질이 좋아야 하고, 맛이 있어야만 소개하여 판매를 해준다. 그만큼 처음에는 지인들이 내 얼굴을 보고 사기 때문에 무조건 믿음을 주어야 한다.

그렇게 해서 사게 된 제품이나 상품이 괜찮으면 그 사람이 다른 사람을 소개해 줄 수도 있고 재(再)구매를 할 수도 있다. 그래서 항상 소개시켜줄 경우 판매자에게 제품이나 상품을 보낼 때 꼭 최고 좋은 것으로 보내야 한다고 신신당부를 한다.

이렇듯 사람들에게 믿음을 심어보자.

자신의 이름만으로도 믿을 수 있는 사람이라는 이미지를 확실히 심어보자.


## 우연을 필연으로

사실 거래처 사람을 만나거나 친구의 친구를 만나거나 지인을 통해서 새로운 누군가를 만나게 되면 명함을 주고받을 때가 많다.

그렇지 않으면 연락처를 주고받기도 한다.

물론 그냥 한 번 만남으로 끝내는 경우도 많긴 할 것이다. 하지만 이왕이면 연락처를 주고받는 게 좋을 성싶다. 그래서 우연한 만남이든지 업무상 만남이든지 간에 그 만남을 필연으로 만들어 보자.

그 만남을 필연으로 만들기 좋은 방법 중의 하나가 문자를 보내는 것이라고 생각한다. 가벼운 첫 만남에 전화상으로 잘 들어갔냐고 물어보는 것은 상대방에게 부담을 줄 수도 있지만 가벼운 안부 문자 정도는 사람과 사귀는 좋은 방법이 아닐까 싶다.

요즘은 워낙 SNS가 발달되었기에 연락처를 주고받아 저장하면 카카오톡이 자동으로 뜬다. 앞서 이야기한 것처럼 문자를 주는 것도 좋고 이런 카카오톡을 통해서라도 그 만남에 대해 짧은 인사 한마디를 건넨다면 다음에 또 어떠한 인연으로 만나게 될지 그 누구도 모르는 것이다. 다시 한 번 이야기하지만 난 결국 사람이 재산이라는 말을 믿는 사람이기 때문이다.

물론 사람 만나는 것을 피곤해 하거나 싫어하는 분들은 귀찮게 생각할 수도 있겠지만 아무튼 인간관계를 형성하고자 원하는 분들에게 이런 방법을 추천해본다. 우연을 필연으로 만드는 자기만의 방법을 찾아보면 좋을 것 같다.


## 가끔은 돌아가자

인생을 이야기할 때 마라톤의 골인 지점을 자주 인용한다.

나도 이 마라톤 골인 지점을 이야기하고 싶다. 지금 당장 골인하고 싶다고 해서 골인할 수 있는 것이 절대 아니다. 누구나 골인 지점까지 가야 한다. 골인 지점을 향해 가다 보면 오르막도 있고 내리막도 있고, 비도 오고 눈도 온다. 물론 맑은 날씨도 있다.

좀 늦게 골인 지점에 도착하면 어떤가?

마음을 급하게 먹는다고 절대 빨리 도착하지는 않는다. 가끔 명절에 정상주행 차량과 이쪽저쪽 왔다 갔다 하면서 주행한 차량이 서울에서 출발하여 부산에 도착할 경우 단축시간은 고작 30분이라고 하는 뉴스 보도가 나오기도 했다.

좀 돌아가면 어떤가? 남들보다 좀 뒤처지면 또 어떤가? 부산에 도착만 하면 되는 것 아닌가? 사람의 일생이 마음먹은 대로만 되면 무슨 걱정이 있겠냐만 실제로는 그 누구도 마음대로 할 수 없는 것이 인생이다. 도리어 급하게 마음먹으면 될 일도 안 되는 경우가 종종 있다.

차라리 천천히 준비하면 더 꼼꼼하게 준비할 수 있다. 확실한 꿈과 목표가 있다면 좀 돌아가도 된다. 나 역시 가수라는 꿈을 위해서 30여 년을 돌아왔다. 일단 먹고 사는 게 급선무였기에 꿈은 간직하되 버리지는 않았고 차근차근 준비를 해왔던 것이다.

가끔은 돌아가도 되고, 천천히 가도 된다.

내 노래 중에 <슈퍼파워>라는 곡이 있다.

"이런들 어때. 저런들 어때. 서러움 모두 떨쳐라 인생사 새옹지마더라. 파도가 오르락내리락 하늘에 맡긴다. 앞만 보고 어기여차 젓는다. 새벽을 깨우고 첫차에 내 몸 싣고 사랑하는 그대 얼굴 그려본다. 넘어져도 괜찮다. 쓰러져도 괜찮다. 걱정하지 마세요. 슈퍼파워 그댄 최고 최고야."

## 긍정적 생각과 말이 긍정적 삶의 원천이다

"말이 씨가 된다."는 우리 속담이 있다.

안 좋은 말을 하게 되면 안 좋은 일이 생긴다는 의미의, 통상 부정적인 표현으로 사용할 때가 많다. 이것을 이왕이면 긍정적인 표현으로 바꾸어 보자.

설사 안 될지언정 "난 안 될 꺼야." "난 할 수 없어."라고 하기보다는 "난 잘 될 수 있어." "난 잘 될 꺼야."라고 표현한다면 훨씬 자신감이 생길 것이다.

말에는 파동이라는 것이 있다고 생각한다.

채소에 시끄러운 음악을 틀어주었을 때보다 잔잔한 음악을 틀어주었을 때 더 잘 자란다는 연구결과를 본 적이 있다. 이처럼 나 스스로에게 긍정적인 생각을 가지고 긍정적인 말로 자기 자신을 다독여 준다면 삶은 훨씬 더 기쁘고, 분명히 일도 더 잘 될 것이다.

스스로에게 계속 부정적인 생각을 주입하고 부정적인 언어로 말한다면 인생이 점점 더 우울해질 수밖에 없다.

긍정과 부정은 한 글자 차이지만 결과는 천지 차이다. 나는 스스로에게 자기최면을 걸듯이 항상 잘 된다는 긍정의 마음가짐으로 하루하루를 살아간다.

"안 되면 어떠리. 안 되면 또 도전하면 되지. 도전하고 또 도전하는 게 인생이야. 그래서 나는 결국 잘 되고 말 거야."

회사에서 프로젝트를 처리할 때나 개인적으로 일을 해나갈 때도 나는 무조건 된다는 신념으로 무장한다. 옛날 윤항기 선생님의 노래 가사가 생각난다.

"나는 행복합니다. 나는 행복합니다. 정말~ 정말 행복합니다."

오늘부터 스스로에게 말해보자.

"난 잘할 거야. 그리고 난 무조건 잘 될 거야."

그리고 "난 행복한 사람입니다."라고 감사를 드리자.

## 신앙을 가져보자

고등학교 시절 이후로 가장 좋은 환경은 내가 힘들 때 어딘가에 기댈 곳, 바로 신앙이 있었다는 사실이다. 그래서 내 삶은 더욱 긍정적으로 변했다.

사람에게 기대도 좋겠지만 사람은 시시각각으로 변한다. 사람들은 힘들 때 술에 의지하거나 극단적인 곳에 의지할 때도 많다. 그러다 보면 몸도 마음도 더 망가진다.

하지만 자기가 믿는 신앙에 기댄다면 아마도 절대자인 신이 변하는 일은 없다. 더더구나 몸이 망가지는 일도 있을 수 없다. 분명히 다른 어떤 것보다도 더 의지가 되리라 생각한다. 그리고 삶은 더욱 긍정적으로 변화하게 되리라 확신한다.

지금까지 내가 살아오면서 가장 잘한 일이 무엇일까?

나는 언제 어디서나 확실히 말할 수 있다.

바로 신앙(信仰)을 가지고 살아왔다는 것이다.


## 이왕이면 내가 운영하는 회사

사업을 하시는 분들도 있지만 많은 사람들이 직장생활을 하거나 누군가에게 월급을 받으면서 일하고 있다. 정말 자기가 하고 싶어서 하는 분들도 계실 것이고 먹고 살기 위해 어쩔 수 없이 일을 하시는 분들도 있을 것이다.

자기의 꿈꾸었던 일이면서 그런 직업을 가진 사람이라면 얼마나 좋을까마는, 내가 보기에 현실에서는 '먹고 살기 위해 어쩔 수 없이' 일하는 경우가 더 많을 것으로 생각된다.

나 역시 마찬가지다.

사실 직장생활이 정말 내가 하고 싶었던 일은 아니다.

설사 그렇더라도 이왕 회사라는 직장에서 월급을 받으며 근무를 하고 있다면 "여기가 바로 내 회사다." 하는 마음으로 임하면 어떨까?

말이야 쉽지만 이렇게 생각하기란 사실 쉽지 않다. 사장님과의 관계, 회사 분위기, 급여 수준 등 많은 변수들이 있게 마련이다. 그렇지만 "여기가 바로 내 회사다." 하는 마음으로 임한다면 자신의 직장에 대해 훨씬 더 애착이 가지 않겠는가. 자신의 직장과 일에 애착을 가지면 당연히 보는 시야도 달라지게 마련이다.

나는 솔직히 지금 다니고 있는 회사에 대해 입사하는 순간부터 내가 운영하는 회사라는 마음가짐으로 임했다. 물론 늘 한결같지는 않고 업무가 힘들거나 어려운 일이 닥칠 때는 잠시 이런 마음이 사라질 때도 있었다.

그랬다가도 금방 우리 회사에 대해 자랑스러워하는 마음을 회복하고, 회사가 잘 되어야 내가 잘 되고 내가 잘 되어야 회사가 잘 된다는 마음으로 돌아선다. 그렇게 직장생활을 하다 보니 자연스럽게 회사에 더욱 애착이 갈 수밖에 없다.

다시 한 번 강조하지만 "여기가 바로 내 회사다." 하는 마음으로 근무하면 어느새 주변의 평가도 달라져 있다는 것을 느끼게 된다. 이것은 나의 생생한 체험이다.

## 젊어서 고생은 사서도 한다

"젊어서 고생은 사서도 한다."

우리 속담에 이런 말이 있다. 솔직히 식상하긴 하다. 식상하긴 하지만 참 우리 선조들의 지혜가 담겨 있는 속담인 듯싶다.

누군들 고생하고 싶겠는가? 나 역시 솔직히 편하게 살고 싶고 부잣집에서 태어나 용돈 받아쓰면서 살고 싶다. 그러나 그런 사람이 대한민국에 몇 %나 될까? 대부분 중산층 이하의 사람들이고 부모님의 후광보다 자신이 스스로 삶을 개척해야 하는 사람들이 훨씬 많다고 본다.

요즘 입사하는 직원들을 보면서 제일 안타까울 때가 첫 월급 타면서부터 몇 년 동안 학자금 대출 갚고 있는 모습을 볼 때다. 그래도 그에 비하면 난 학자금 대출 없이 졸업할 수 있었기에 감사한 사람임을 다시 한 번 깨닫는다.

아무튼 현실이 그렇다고 해서 손 놓고 있을 것인가? 젊어서 고생을 하건, 나이 들어서 고생을 하건 이왕이면 나이가 한 살이라도 젊어서 했으면 좋겠고 많은 경험들을 했으면 좋겠다. 정말 본인의 인생에 있어서 돈으로 살 수 없는 아주 소중한 경험이 될 것이다.

열심히 살았다는 것은 큰 자산이라 생각한다.

나 역시 안 해본 아르바이트가 없다. 앞서도 이야기한 신문배달은 물론이고 레스토랑 서빙이며 호프집 서빙도 1년여 한 적이 있다. 물론 이때도 호프집 사장님께서 일 잘한다고 월급을 더 쳐주시곤 했다.

당연히 막노동도 해보았다. 그러다 막노동을 하고 돈을 못 받아본 적도 있었다. 무작정 식당 문을 열고 들어가 야채를 팔아본 적도 있었다. 이럴 땐 참 부끄러울 때도 있었지만 그래도 좋은 경험이라는 생각이 들었기에 그것마저도 감사했다.

이런 경험들은 나의 인생에 있어서 지금의 내가 있게 해준 정말 소중한 경험이고 큰 밑거름이 되고 있다. 그리고 그런 경험들을 해

보았기에 교만하지 않으려 스스로 마음을 다잡는다.


## 연결통로가 되자

나는 한때 10개의 통장을 관리하는 총무였다.

물론 지금도 여러 모임의 통장을 관리하고 있다. 10개의 통장은 모임의 성격에 따라 구실도 제각각이다. 매월 일정액을 통장으로 모으고 그렇게 모인 돈으로 함께 여행을 가거나 정기적으로 모임을 가질 때 비용으로 지출하기도 한다.

어떤 모임은 매월 2만 원, 어떤 모임은 매월 5만 원씩 내다보니 일정 기간이 지나면 티끌모아 태산이 되어 여행경비의 부담을 많이 줄이게 되었고, 모임을 가질 때도 누가 돈을 낼지 눈치를 보지 않아도 되었다. 무엇보다 매월 돈을 내다보면 모임이 지속될 수 있다는 것이 가장 큰 장점이라고 하겠다.

내가 총무를 맡고 있는 모임의 예를 하나 들겠다. 군대에서 함께 근무했던 전우들과 10여 년 동안 모임을 가지고 있다. 군대 갔다 오신 분들은 대개 아시겠지만 처음에는 몇 차례 연락하고 지내더라도 이런 모임이 오래 지속되기는 힘들다. 그런데 우리는 매년 1~2차례 가족 전체 또는 남자들끼리 모임을 가지며 친분을 다져나간다.

또한 아파트 내의 친한 사람들과 매월 일정액을 모아 함께 국내여행도 하고 미국 LA까지 다녀왔다. 또 부산에 사는 친한 선배 부부와는 미국 뉴욕과 태국, 제주도 등 아주 다양하게 여행을 함께 다니는 중이다. 회사 내에서도 친한 분들과 이런저런 목적의 모임을 가지며, 다른 여러 모임의 통장도 관리하고 있다.

결국 나는 '사람이 재산'이라는 말을 실감하고 있다.

주위에 직업, 나이, 취미 등이 다양한 사람들이 많이 있고 또 즐겁게 소통(疏通)하고 있다. 소위 발이 넓다고 할 만한 사람이 바로 '나'인 것 같다.

주위에 사람들이 많다는 것도 중요하겠지만, 무엇보다도 내가 다양한 분들과의 연결통로가 되고 있다는 사실이 삶의 활력으로 작용하는 것 같다.

"혹시 이런 일 하는 사람 중에 아는 분 있어요?"

나는 이런 연락들을 정말 많이 받고 있다. 그러면 웬만한 경우는 연결이 되었다. 그리고 내 일인 것처럼 부탁하는 경우가 많다. 물론 그것으로 무엇인가를 바라지는 않는다. 그냥 서로에게 잘 되었으면 하고 바랄 뿐이다. 또 비용이 들어가는 부분이 있다면 최대한 저렴하게 해줄 것을 간곡히 요청하기도 한다. 그러다 보니 많은 사람들이 나에게 고마움을 표시하기도 한다.

인생은 결국 사람들과 함께 어우러져 살아가는 것이다. 그런 인생의 무대에서 자기 자신이 소통의 연결고리가 될 수 있다면 얼마나 감사한 일인가?

더구나 세상에 필요한 존재로 살아간다는 것, 누군가에게 필요한 존재로 살아간다는 것만큼 감사하고 행복한 일이 또 어디 있을까?

독자 여러분도 그런 감사와 행복을 저와 함께 누리는 인생 무대의 주인공이 되시기를 진심으로 바라고 기도드립니다.

자취방을 얻기 위해 형님들께 빌렸던 600만 원에서 비롯된 기적(奇蹟), 그리고 하나씩 꿈을 이루고 있는 저의 모습이 여러분에게 작은 희망의 씨앗으로 싹트길 바랍니다.

여러분의 꿈과 희망을 응원합니다.

여러분 모두 꼭 잘 될 겁니다.^^
아자~아자 파이팅!!

## 바깥마당

# 내가 만난 이제윤

### 대가 없이 필요한 사람에게 나누어주는 지혜

이제윤 님! 항상 세상 속에서 밝은 모습을 보이며 에너지 넘치는 유쾌한 말과 노래로 주위 사람들에게 즐거움을 주시는 분.

그 이면에는 즐거운 천성만 있는 것이 아니라 가수, 작곡가, MC, 심지어 농부로서의 재능까지 개발하려는 끊임없는 노력이 있었고, 어렵게 얻은 재능을 과시하는 데 쓰기보다 대가 없이 필요한 사람에게 나누어주는 지혜도 있었기에 더욱 놀라운 분!

우리는 이 책을 통해 그의 삶에 대한 열정과 나눔의 지혜를 배울 수 있을 것입니다. 바쁜 일상 속에서도 자신이 가진 작은 재능조차도 얼마나 풍성한 열매를 맺으며 살 수 있는지 돌아보게 하는 책입니다.

이태수(서울 중앙지방법원 부장판사)

### 선택의 기로에서 고민하는 분들께

요즘 젊은이들에게 들려주고픈 이야기는 꿈을 간직하고 현실에 충실하며 지혜를 가지라는 세 가지입니다.

꿈은 열정과 목표를 제공해 주는 것은 물론이고 우리를 흔들리지 않게 잡아줍니다. 세상에서 가장 소중한 금은 지금입니다. 과거도 미래도 현재의 행복을 위해 존재하는 것입니다. 그렇기에 우리는 이 시대에 넘쳐나는 정보를 찾는 것도 좋지만 우리에게 필요한 참다운 지혜를 찾아야 합니다.

제가 알고 있고 지켜보았던 이 책의 저자 상남자야 이제윤 님은 바로 그런 분이라고 생각을 합니다. 아마도 이 책은 온갖 선택의 기로에서 고민하는 많은 분들께 꿈과 현재의 중요성을 이야기해주고 또한 지혜를 제공해 주리라 확신합니다.

조종래(부산지방중소벤처기업청장)

## 주위를 기쁘게 하는 부지런함과 넉넉함

이제윤 님은 저와 함께 사랑의 교회 호산나 찬양대 베이스파트를 수년간 섬겼는데, 탤런트가 실로 다양한 데다 그 깊이도 범상치 않았습니다. 노래는 차치하고라도 개그맨보다 매끄럽고 즐겁게 진행하는 사회 솜씨, 종목을 가리지 않는 빼어난 운동 실력에다, 심지어 극상품 작물을 생산할 수 있는 농사에 이르기까지……한 마디로 못 하는 것 빼고 다 잘하는 사람입니다. 그리고 그 내공도 모두 프로의 경지에 이르러 있습니다. 다른 것은 이미 공지의 사실이라 말할 필요가 없을 것 같고, 이제윤 집사의 농사 실력을 잠깐 말씀드리면 그가 농사지어 수확한 무와 배추 등을 먹은 적이 있는데 시중 어떤 상품보다 훨씬 맛있었습니다.

이렇듯 다양한 탤런트를 가진 이제윤 님이지만, 그 모든 재주가 그냥 주어진 것은 아닌 것 같습니다. 그는 언제나 주어진 일에 최선을 다하고, 주위를 기쁘게 하는 부지런함과 또 넉넉함도 함께 갖고 있습니다. 이렇듯 선천적인 탤런트와 훌륭한 성품까지 겸비한 이제윤 님이 자신의 이야기보따리를 푼다고 하니 기대가 큽니다.

실물 이제윤 님과 더불어 이 책도 우리 주위를 기쁘고 훈훈하게 할 것을 믿습니다.

사무엘 울만은 그의 시 <청춘>에서 "청춘이란 인생의 한 때가 아니라 마음가짐"이라고 했습니다. 이때의 마음가짐은 한 마디로 말하면 바로 꿈입니다. 우리가 꿈을 가지고 있는 한 언제나 청춘입니다.

요즘 시대를 흔히 인생 2모작 시대니 인생 다모작 시대라고 하는데, 우리 모두 지금 어떤 모작의 상황에 있든 자기만의 꿈을 갖고 그 꿈을 포기하지 않아야 할 것입니다. 그래야 우리는 영원한 청춘입니다.

조주태(법무법인(유한)동인 변호사, 전 대검 중수부 검사, 전 대검 공안2.3과장,<br>전 서울중앙지검 형사3부장, 전 대구서부지청장)

## 지역사회 재능기부를 확산시키는 시작점

꿈을 좇는 용기를 가진 사람만큼 아름다운 사람은 없습니다. 제가 아는 이제윤 님은 바로 그런 사람이라고 생각합니다. 그를 처음 만났을 때부터 얼굴에 강한 자신감과 활기가 넘쳤습니다. 회사원으로 살면서도 가수, 작곡가, MC, 농부 등 자신만의 꿈을 차곡차곡 이뤄나가고 그 재능을 다른 사람들을 위해 아낌없이 사용하는 그의 열정!

앞으로 어떠한 또 다른 꿈을 펼쳐나갈지 늘 기대하게 만듭니다. 우리 안양의 자랑이기도 한 이제윤 님을 만날 때면 제가 긍정 에너지를 얻게 됩니다.

이토록 멋진 인생을 살아가는 이제윤 님의 인생지침서가 발간되어 더없이 반가운 마음입니다. 이제 작가라는 직업도 하나 더 추가해야 할 듯합니다. 모쪼록 이 책이 바쁜 일상에서 꿈을 잊고 사는 사람들에게 새로운 도전과 희망의 문을 열어주길 바라며, 지역사회 재능기부를 확산시키는 뜻깊은 시작점이 되길 마음 깊이 기대합니다.

이필운(전, 안양시장)

## 희망 없이, 목표 없이 살아가는 인생의 지침서

엄동설한 모진 추위를 뒤로하고 봄을 전하는 산수유를 아실 겁니다. 상남자 이제윤 님의 "꿈은 이루어진다."는 인생 이야기는 마치 모진 추위를 이기고 피어난 그런 산수유와 같은 이야기입니다.

그를 처음 만났을 때 그의 눈빛에는 살아오면서 한 눈 팔지 않고 자신의 인생을 스스로의 힘으로 성실히 개척한 사람만이 가질 수 있는 자긍심을 볼 수 있었습니다.

그리고 겸손하며 노력하는 '상남자'임을 직감하였습니다. 어려운 가정형편 속에서도 꿈을 키우며 가진 5가지 직업의 밑바탕에 깔린 것은 자신보다는 오히려 남과 이웃을 배려하는 마음이었습니다.

비록 40대 중반의 나이이기는 하지만 이렇게 멋진 인생을 만들어 가는 그의 열정으로 미뤄보건대 남은 그의 앞날이 더 기대됩니다.

"꿈은 이루진다."는 이제윤 님의 인생 이야기는 희망 없이, 목표 없이 살아가는 오늘날 우리에게 인생의 지침서라고 감히 추천을 드립니다.

백경현(전. 경기도 구리시장)

## 진정 그가 '상남자'인 이유

밝고 유쾌한 모습으로 만나게 되었던 이제윤 님은 처음에는 그저 끼와 흥이 많은 회사원이라 생각했습니다. 또한 40세에 늦깎이 가수를 꿈꾸고 도전했다는 소식을 듣고는 다소 엉뚱한 분 같기도 했습니다.

회사원, 농부, MC, 가수, 강연자 등 그를 끊임없이 움직이게 하는 힘은 다름 아닌 그가 마음속에 지니고 있었던 꿈이었다는 것을 알게 되었고 그 꿈을 좇아 열심히 살아가고 실천하는 이제윤 님은 알고 보니 이 시대 '상남자'였습니다.

하지만 그가 진정 '상남자'인 이유는 바로 도움이 필요한 곳이라면 기꺼이 달려가고 '네 이웃을 네 몸과 같이 사랑하라.'는 가르침을 몸소 실천하는 분이기 때문입니다. 속된 표현으로 출세하기 위함이 아니요, 나눔을 위한 꿈을 꾸기에 이제윤 님의 삶은 요즘 시대에 아주 특별합니다. 그 특별함을 오늘 이 시간, 이 책을 통해서 함께 나누기를 바랍니다.

윤수영(KBS 아나운서)

### 신바람 일으키고 웃음폭탄 선사하는 사나이

늦은 나이에 자신이 좋아하는 노래를 찾아 가수가 됐고 회사 일을 병행하며 시너지를 내는 신바람 일으키는 사나이.

늘 봉사하는 자세로 다른 사람들을 위해 웃음폭탄을 선사하는 그는 우리 시대의 진정한 연예인이자 샐러리계의 달인이다.

고교 후배지만 삶의 스승인 그의 책을 통해 또 많은 것을 배우며 울고 웃는다. 남녀노소 누구나 꼭 일독하기를 강추(强推)한다.

김강석(SBS 국장급 선임기자)

### 많이 아파하는 분들에게 작은 위로가 되기를

모두들 어려운 세상입니다. 젊은 세대는 좋은 일자리를 갈망하고, 중년 세대는 교육문제, 주택문제로 밤잠을 못 이루죠. 그리고 또 노후 걱정을 하는 세대가 있습니다.

우리는 어디에서 위로를 받아야 할까요? 어떻게 보면 하루하루를 산다는 건, 꿈을 이루어가는 과정이 아니라 꿈을 잃어가는 과정인지도 모르겠습니다.

그런데 늘 제자리에서 우리에게 작은 위안을 주는 친구가 있습니다.

바로 <상남자야> 이제윤.

작은 웃음과 작은 베풂, 작은 재능으로 주위에 조금이라도 위안을 주고자 애쓰는 친구.

이런 친구를 알게 되면 우리는 조금이나마 작은 위안과 행복을 얻을 수 있지 않을까요? 이 책이 많이 아파하는 분들에게 작은 위로가 되기를 빕니다.

최기록(현, KBS 2TV '다큐멘터리 3일' 팀장 프로듀서)

## 유행을 한 발짝 앞서간 욜로족

요즘 YOLO(You Only Live Once)라는 말이 유행입니다.

그렇다면, 이제윤 님은 유행을 한 발짝 앞서간 욜로족이라 할 수 있습니다. 평범한(?) 샐러리맨의 자리를 지키면서도 꿈꿔온 모든 것들을 시도해보는 용기 있는 사람!

한 번뿐인 인생, 한 줌의 후회도 남기지 않을 것 같은 정열적인 사람! 지금껏 걸어온 길보다 앞으로 일구어갈 여정이 더 궁금한 사람, 그 사람은 바로 내 까까머리 시절 친구이자 '파이브잡스' 이제윤, 이 사람입니다.

박용훈(KBS 라디오 프로듀서)

## 파이브잡스 이제윤 님처럼 꿈을 펼쳐 보세여!

이제윤 님은 첫 인상부터가 참 강렬하게 다가왔습니다. 또한 그의 평소의 모습을 보며 참 귀한 분이라는 생각도 함께 하였습니다. 그런 이제윤 님이 자신의 이야기를 책으로 낸다고 하니 많은 기대가 되기도 합니다.

꿈을 항상 맘 속으로만 간직하고 있는 모든 사람들이 읽으면 좋은 책!! 직장생활에 지쳐 정작 본인의 꿈을 잃어버리고 사시는 분들이 읽으면 용기를 선물해줄 책!!

꿈은 간직만 하면 이룰 수 없습니다. 이제윤 님의 포기하지 않는 열정처럼. 이 책을 읽고 파이브잡스 이제윤 님처럼 여러분의 꿈을 펼쳐 보세여!!

변기수(KBS 공채 개그맨, KBS 개그콘서트 등)

## 누군가에게 필요한 사람으로 살아가기 위해 노력하는 사람

지금까지 내가 겪어왔던 사람 중에 이제윤 씨만큼 열정적인 사람을 본 적이 없는 것 같습니다. 어려운 현실에서도 굴하지 않고 그 현실을 스스로가 싸워서 이겨내는 사람 이제윤. 무엇보다 누군가에게 필요한 사람으로 살아가기 위해 노력하는 이제윤씨를 보며 인생의 선배인 저도 많은 것들을 배우고 느낍니다.

　이 책을 읽으면 아마도 많은 독자 분들이 자신의 삶을 되돌아보는 시간이 될 수도 있을 것입니다. 희망을 잃은 사람들이 꿈을 잃은 사람들이 이 책을 읽고 용기 내어 도전해보시길 기대해 봅니다.

허동환(KBS 공채 개그맨, KBS 개그콘서트 등)

## 중장년층 분들이여, 소중한 나만의 꿈을 찾아 이루시길

　결혼을 하고 직장을 다니며 가정을 이루고 살다 자신의 젊을 적 꿈을 찾는다는 게 현실적으로 가능하다는 걸 제윤이 형을 보고 느낍니다.

　아이를 낳고 나이가 들어서 꿈을 잃어버린 중장년층 분들이여, 이 책을 읽고 잃었던 소중한 나만의 꿈을 찾아 이루시길~~!!!

　상남자 제윤이 형이여, 영원하라!!!

정철규(블랑카, KBS 공채 개그맨, KBS 개그콘서트 등)

## 미래는 꿈꾸면서부터 시작될 것

　꿈을 이루기 위해 나이는 중요하지 않다.

　상남자야 이제윤 형님의 책을 읽으니 가슴이 뜁니다.!!!

　모두들 상남자야 이제윤 형님처럼 희망 잃지 않고 꿈에 도전하시기를 바랍니다. 꿈은 이루는 것도 중요하지만 도전하는 것이 더 중요하리라 생각됩니다.

   결과는 중요하지 않습니다.

   여러분의 미래는 꿈꾸면서부터 시작될 것입니다.^^

김정욱(탤런트)

### 자신의 꿈을 향해 거침없이 전진하는 모습

   끊임없는 열정과 꿈의 소유자, 저자 이제윤 님!!

   5년여 전에 처음 알게 되어 지금까지 저와 좋은 인연을 맺어오면서 그에게 느낀 것은 바로 인간적인 정(情)이었습니다. 잊지 않고 나의 공연을 일부러 찾아와주시고 항상 진심을 다해 저를 위해 응원해주시는 이제윤 님은 저에게 많은 힘과 도전의 원동력이 되었습니다.

   또한 자신의 꿈을 향해 거침없이 전진하는 모습은 마치 노도(怒濤)와도 같습니다. 이제윤 님의 인생 이야기인 이 책이 많은 이들에게 위로와 소망을 줄 것이라 확신합니다. 그리고 이 자리를 빌어 이제윤 님께 출간을 진심으로 축하드립니다.

이충주(뮤지컬 배우, 뮤지컬 브로드웨이 42번가 주인공 외 다수, JTBC 팬텀싱어2 에델라인클랑 멤버)

### '워라벨(Work and Life Balance)'의 조화로움도 즐기며

   고등학교 후배이기도 한 저자가 20대였을 때 부산의 어느 교회에서 함께 봉사한 적이 있었다. 그 당시 저자는 다양한 재능을 가진 청년이고, 많은 꿈을 가진 청년이라는 생각이 들었다. 그래서 더 넓은 세상으로 나아가 새로운 꿈을 펼쳐보도록 조언을 해준 적이 있었다.

그 이후 저자는 부산에서 서울로 직장을 옮길 기회를 갖게 되었고, 음반을 내고 가수로 활동할 기회도 갖게 되었다. 음악적인 자질로 요양원이나 교도소 등 소외계층을 찾아가 재능기부를 하고, 고등학교와 대학교에 초빙되어 청소년들에게 미래의 꿈을 심어주는 강사로도 활동 하게 되었다.

직장인으로서 여러 분야에서 바쁜 활동을 하고 있는 가운데 주말이면 가족과 함께 전원으로 돌아가 텃밭을 가꾸면서, 소위 '워라벨'(Work and Life Balance)의 조화로움도 즐기며 살아가고 있다.

저자가 살아가는 모습을 옆에서 지켜보면 인생에 있어서 성공은 돈을 많이 벌거나 출세를 해야만 성공하는 것은 아닌 것 같이 느껴진다. 자신에게 주어진 잠재력이 무엇인지를 발견하고, 그 잠재력을 발굴하여 자신이 하고 싶은 일을 즐기면서 살아가고, 그러한 삶으로 이웃에게 행복을 더하여 주며, 사회가 조금은 더 아름다운 사회가 되는 데 기여하면서 살아갈 수 있다면 그것이 바로 성공한 인생이 아닌가 하는 생각을 하게 된다. 이런 관점에서 보면 저자는 성공적인 인생을 살아가고 있다고 말할 수 있을 것 같다.

독자들은 이 책을 통하여 저자가 어떤 꿈을 가꾸어왔고, 어떻게 기회를 포착하여, 어떻게 꿈을 하나씩 실현해나가고 있는지를 보게 될 것이다. 많은 사람들이 시간이 없어서, 또는 자신이 없어서 하고 싶은 일을 하지 못하고 살아가는 오늘날의 직장인들에게 이 책은 새로운 도전을 안겨주게 될 것을 믿어 의심치 않는다. 아무쪼록 이 책을 읽는 독자들이 인생의 풍요로움이 어떤 것인지를 발견하고 새로운 용기를 얻어 성공적인 인생을 살아가기를 희망한다.

이상인(『할빠의 육아일기』 저자, 전 부산지방국세청)

## 잃었던 꿈과 희망과 열정을 되찾기를 기대하며

생업에 충실하면서 원하는 꿈을 이루기 위하여 열정적으로 살아가는 이제윤 님을 지켜보면서 현대인들에게 귀감이 되며, 많은 도전의지를 주는 것 같습니다.

희망을 안고 꿈에 도전하며, 그 꿈을 이루어 가는 저자의 삶을 보고 많은 분들이 잃었던 꿈과 희망과 열정을 되찾기를 기대합니다.

누구에게나 꿈은 다 있지만, 모든 분들이 꿈을 이루는 것은 아닙니다. 꿈을 이루려면 '할 수 있다.'라는 자신감과 긍정적인 생각을 갖고 꿈을 이루기 위하여 목표를 향하여 끊임없는 땀과 수고를 통해서만이 이루어질 수 있습니다.

백형선(연세백치과 원장, 현 연세대 치과대학 명예교수, 현 미국교정학회 국제회원, 전 연세대 치과병원 병원장, 전 대한치과교정학회 회장)

## 긍정적인 삶과 인생의 이야기 큰 기대

세무회계를 전공한 이제윤 님은 다재다능한 탤런트뿐만 아니라 사회봉사에 남다른 모범시민의 표상이라 할 수 있습니다.

싱글 앨범을 내고 출반 가수로 데뷔하는가 했더니 생명의 전화 자살방지 홍보대사, 안양시민 사회봉사상 수상 등 어두운 곳에 빛을 밝히는 일들을 소리 없이 해내는 걸 보게 됩니다.

더욱이 이제윤의 쾌활하고 남다른 재기는 그를 만날 때마다 즐거워지는 이유이기도 합니다. 이제 그가 또 책을 출간한다고 하니 그의 긍정적인 삶과 인생의 이야기에 큰 기대를 하게 됩니다.

김홍식(한서대 예술학부 교수, 전 예술의전당 음악예술 감독)

## '열심히'라는 것이 무엇인지 증거하면서 살아가는 실체

이런 말이 있습니다.
"시작은 미미하지만 그 끝은 창대하리라."
이 이야기가 아무에게나 들려줄 말은 아닙니다. 이제윤이라는 한 인간을 보면 이 말이 참 적합하다는 느낌을 제 머리 또는 마음 어디에서 기억되고 간직하고 있다가 누군가 물어보면 머뭇거리지 않고 바로 튀어 나올 수 있는 표현입니다.

그는 자신의 삶을 누구에게나 성실하게 보여주면서 또 부끄럽지 않게 '열심히'라는 것이 무엇인가를 증거하면서 살아가고 있는 실체라는 것을 이 책에서 보여줍니다.

그를 보면 나는 저렇게 살아보지 못했는데 하는 아쉬움도 가져보고 또 부럽다는 솔직한 제 감정도 말하고 싶습니다. 단순하게 월급만 받는 일반인이기보다는 이 땅에 태어난 이상 자신이 해야 할 몫이 무엇인가를 스스로 알고 실천하는 노력가이기도 합니다.

저는 반드시 그가 창대하리라는 믿음이 이 책에 스며들어 있음을 감히 말하고 싶습니다.

남택정(부경대학교 식품영양학과 교수)

## 고맙고도 자랑스러운 제자

나의 첫 발령지는 경북 상주 산간벽지에 있는 모서중학교입니다. 6학급의 자그마한 시골학교는 아이들도 선생도 꼭 같이 순하고 수줍었던 것으로 기억됩니다.

그 중에서도 제자 제윤이는 약간 독특한 학생이었습니다. 수업시간에 엉뚱한 말을 해서 우리를 자주 웃겨주었고, 쉬는 시간도 왁자하게 떠들고 웃고 하는 학생들 무리의 중앙에는 늘 제윤이가 있었습니다. 언젠가는 교실 문이 스르르 저절로 열리기도 해 한바탕 웃으며 수업을 시작한 적도 있었습니다. 개구쟁이였지만 또 진지했고 열정적이었습니다. 수업시간에도 발표, 질문, 우스갯소리 등 활발하게 에너지를 발산했었습니다.

국어를 좋아했는지 국어선생을 좋아했는지 모르지만 글쓰기도 곧잘 하였고 특히 시 쓰기에도 소질을 보여 따로 지도한 적이 있었습니다. 그리고 보니 제윤이는 친화력도 뛰어났지만 재주도 참 많은 아이였습니다.

30년이 지난 어느 날, 가수가 되어 열심히 행복하게 잘 산다며 근황을 알려준 신통방통한 제자 덕분에 나도 덩달아 신이 났습니다. 고맙고도 자랑스럽습니다.

세상에는 세 종류의 사람들이 있다고 합니다. 꿈도 못 꾸는 사람, 꿈만 꾸는 사람, 꿈을 현실로 만드는 사람 말입니다.

나는 지금 어떤 사람으로 살고 있나요? 소크라테스는 '음미하지 못하는 삶은 살 가치가 없다.'라고 했답니다. 무슨 의미일까요? 가령 밥을 먹을 때를 생각해 봐요. 어떤 이는 허겁지겁 허기를 때우기 위해 마구 퍼먹고, 또 어떤 이는 우아하게 천천히 한 입 한 입 음미하고 알아차리며 먹을 수 있겠지요. 지금 현재 꿈꾸고 있다면 우리는 선택할 수 있습니다. 자기가 살고 싶은 삶을 설계할 수 있습니다.

삶은 탁월함을 추구하며 새로워지는 것입니다. 그리하여 '참 나'로 신나게 사는 것입니다. 아무 일도 하지 않으면 아무 일도 일어나지 않습니다. 살아있으니 우리는 꿈틀꿈틀 꿈을 향해 움직여야 합니다. 우리는 어쩌면 꿈꾸는 틀입니다. 꿈을 꾸고 꿈을 이루어 나가는 것은 내 삶에 대한 예의입니다.

허은경(전 모서중학교 담임교사, 현 경북기계금속고교 교사)

## 땀의 흔적과 사랑의 자취를 볼 수 있다

사람은 누구나 늘 꿈을 꾼다.
꿈을 꾼다는 것은 살아있음을 자각하는 것이다.
그 꿈이 희망으로만 남아서 자신의 주변을 맴도는 경우일지라도
그 꿈을 하나씩 목표로 살아가는 자는 용기 있는 사람일 것이다.
아니 무척 대단한 사람일 것이다.

30여 년이 지났건만…….
까까머리 학생 때부터 자신의 꿈을 목표로 가졌었다.
누가 알아주지 않아도 천성이 그런 사람으로 살아갔다.
훌쩍 지난 세월에 아마도 어지간히도 노력했나 보다.
학창시절에도, 사회인이 되어서도…….

땀의 흔적과 사랑의 자취를 볼 수 있다. 땅을 사랑하고 사람을 사랑하고 노래를 사랑하고 감사하는 삶의 향기가……. 어느덧 자신을

다 내놓으며 사랑하는 사람이 되고 있음을 느낄 수 있다.

글을 통해 저자의 또 다른 열매를, 향기를, 삶을 볼 수 있어서 무척이나 반갑고 감사하다. 저자의 작은 행복들을 나눌 수 있는 출간을 축하하며…….

박경일(전 부산고등학교 담임교사, 현 부산과학고등학교 교사)

## 20년 전 군대에서도 그는 긍정의 아이콘

저자 이제윤 님과 만났던 것은 약 20여 년 전 양구 2사단 군종참모로 재직 중인 시절로 거슬러 올라간다. 그는 2사단 사령부 예하 정비대대 군종병이었는데, 20년이 지난 지금까지도 연락하고 있을 정도로 관계를 맺고 있다. 어느 누구보다 만날 때마다 열린 마음으로 다가오는 인사성이 밝고 붙임성이 있는 군종병으로 내 머릿속에 생생히 기억된다

힘든 군 생활을 하면서도 열심히 신앙생활을 했고 본인의 대대원들에게도 무엇인가 하나라도 더 주려고 했으며 교회 일도 정말 열심히 했던 모습들이 가장 기억에 남는다.

사단 사령부 군종병들과는 비교적 연락을 자주 하고 있지만 함께 근무했던 수많은 군종병들 중에 사단 사령부에서 함께 근무하지 않고 예하부대에 근무했던 군종병이었음에도 불구하고 지금까지 연락을 주고받는 경우는 거의 드물다. 이것만 봐도 이 책의 저자 이제윤 님이 대인관계를 어떻게 가지고 있는지 단적으로 보여주는 일면이다.

시간이 지나도 변함이 없고 나날이 성숙해가고 있는 저자가 앞으로 20년 뒤에는 어떤 모습일지 더욱 기대가 된다.

박기영(현 안양성결대학교 상담학교수/ 전 2사단 군종참모)

## '만능 재주꾼' '이웃집 형님 또는 오빠' 'TV 인간극장'

  내가 농협은행 남서초지점장으로 부임하던 해인 2016년 3월에 이제윤 님을 처음 알게 되었습니다. 첫 만남 당시 우렁찬 목소리, 박력 있는 말투, 호탕한 웃음으로 반갑게 맞이해준 기억이 생생합니다.

  바쁘게 회사 일을 보면서도 다양한 사회활동과 취미생활을 하는 '만능 재주꾼'으로 회사 내에 소문이 자자하고, 거래 은행의 직원까지 자상하게 챙겨주는 '이웃집 형님 또는 오빠'라고 우리 지점 직원들에게도 인기 만점입니다.

  제가 2년 남짓 생활하면서 느낀 바도 '인간 이제윤'의 삶은 '감동의 드라마'를 만들고 싶은 충동을 일으킵니다.

  회사의 살림을 총괄하는 인사총무팀장 역할을 하면서 농사일, 가수, 뮤지컬 배우, 야구선수 등 10여 개도 넘는 취미생활과 봉사활동을 하고 있으니 'TV 인간극장'을 찍어도 결코 손색없을 것입니다.

  저는 어려운 역경을 극복하고 성공을 꿈꾸며 살아가는 한 남자의 이야기를 감동 깊게 읽었습니다. 이 책은 힘든 시기를 살아가는 독자들에게 꿈과 용기를 전해주는 촉촉한 단비 역할을 할 것으로 봅니다.

  오늘도 저자의 노래 <상남자야>를 듣다보니 이 구절이 문득 떠오릅니다.

  "꿈은 반드시 이루어진다."

황종연(NH농협은행 남서초지점장)

## 꿈꾸고 도전할 수 있는 특권

　꿈꾸고 도전할 수 있는 특권은 10대나 20대만 누릴 수 있는 게 아니었습니다. 저자를 20년 넘게 지켜보면서 도전은 평생 지속될 수 있음을 눈으로 직접 확인할 수 있었습니다.
　비록 모든 도전이 성공으로 이어지지 않는다 하여도 그 과정을 꿈꾸고 즐긴다면 이미 성공의 의미를 뛰어넘어 행복을 누리는 삶을 살게 될 것입니다
　여기에 더해 저자처럼 그 과정 속에서도 필요한 이들에게 나누고 베푸는 삶을 산다면 삶의 의미 또한 내가 아닌 우리가 되고 희망의 기운이 세상 속으로 퍼져 나갈 것입니다.
　이 책을 통해 저자의 진심이 모두에게 전해져서 새로운 꿈을 꾸고 도전해보는 기회가 되길 소망합니다.

권순호(부산은행 부부장)

## 노력하는 분들에게 소중한 경험의 공유 통로가 되기를

　저자 이제윤 님!
　"꿈이 있는 삶이 아름답다!"라는 문구를 우리는 일상 속에서 흔하게 접할 수 있습니다. 하지만 주변에서 진정 꿈이 있는 삶을 사는 사람을 보는 경우는 좀처럼 찾아보기 힘들다고 생각합니다.
　처음 이제윤 님의 얼굴을 봤을 때가 기억나는군요. 자신감이 넘쳐 행복해 보이기까지 한 얼굴에서는 빛이 났던 걸로 기억합니다. 하지만 빛나는 얼굴보다 더욱 놀라게 한 것은 이제윤 님이 본인의 꿈을 이루기 위해 다양한 분야에서 노력하는 모습이었습니다. 회사

원, 작곡가, 가수, MC, 농부 등의 다양한 역할을 하며.

일반인은 하나의 역할도 제대로 수행하기 어려운데 여러 역할을 훌륭히 수행함은 물론 이러한 재능을 여러 기회를 통해 기부하는 활동까지 수행하는 점은 존경하는 마음까지 들게 합니다. 이러한 경험을 바탕으로 한 책의 출간을 축하드리며, 또한 많은 꿈을 이루어 나가고자 열심히 노력하는 분들에게 소중한 경험의 공유 통로가 되기를 희망합니다.

최재호(SC제일은행 평촌지점장)

## 순간순간 최선을 다하며 끊임없이 도전하는 삶

대다수의 사람들은 '가치 있는 삶'에 대하여 꿈꾸고 고민하지만 안타깝게도 좌절과 후회와 더불어 세상과 타협하는 삶을 살아갑니다. 하지만 제가 보는 저자의 삶은 어느 누구의 삶보다 가치 있게 느껴집니다.

결코 시간을 헛되이 보내는 일 없이 순간순간 최선을 다하며 삶의 목표에 끊임없이 도전하는 저자의 열정에 늘 감동을 받습니다.

책을 통하여 저자의 열정의 근원을 배우고 저자의 '가치 있는 삶'을 살아가는 노하우를 배울 좋을 기회라고 생각합니다.

최용혁((주) 라이트홀딩스 회장, (주) 다솜케어 대표이사, 부산고 청빛회 회장)

## 진정한 refresh의 장인

저자 이제윤 님은 교우들의 마음을 시원하게 함으로써 사도바울의 찬사를 크게 받았던 초대교회의 어떤 성도들과 같습니다(고전 16:18).

　마음을 시원하게 했다는 것은 영어로는 refresh인데, 이는 피로로 지친 몸과 마음에 생기를 불어넣거나 다시 채워 넣는 것을 의미합니다. 이제윤 님은 바로 refresh의 진정한 장인(匠人)입니다. 자신을 만나는 사람들에게 생기를 불어넣고, 새로운 힘과 밝은 마음을 채워주는 참으로 복된 사람입니다.

　또한 그를 장인이라 부르는 것은 다른 사람이 자신으로 인해 refresh될 때, 자신도 refresh가 되는 분이기 때문입니다. 남들에게 주고, 또 나누어 주면 힘도 들고, 지치기도 할 것 같은데, 자신을 비우면서 주고 또 나누어 줄 때 오히려 새 힘이 나는 그는 진정한 refresh의 장인입니다.

　이 책은 이제윤 님의 이러한 삶의 비결이 무엇인지 독자들에게 보여줄 것입니다. 그리고 이 책을 통해서 만나게 될 독자들의 마음까지도 refresh해주고 싶어 하는 이제윤 집사님의 환한 웃음을 경험하게 될 것입니다.

　　　　　　　　　　김은수(온 사랑의 교회 담임목사, 전 사랑의 교회 목사)


## <상남자야>를 노래하면서 상남자로 살아가는 이제윤!

　사실 난 그보다 그의 아내를 먼저 알았다. 그의 아내는 결혼 전 내가 섬긴 청년부의 아름답고 신실한 청년이었다. 그녀가 짝을 만나기 전에 그 교회를 떠나서 아쉽게도 결혼의 과정을 지켜보지 못했는데 어느 날 신랑을 데리고 내게 인사를 왔었다.

　굵은 눈에 묵직한 베이스 톤, 서글서글한 성격, 자신감과 배짱으로 가득 찬, 선이 굵은 이제윤을 보면서 속으로 '이놈 물건이다.' 싶었다.

오랫동안 사람을 대한 나의 직감이 틀리지 않았음을 이제윤은 스스로 보여주었다.

그는 때가 되면 내게 인사를 왔고, 잊을 만하면 카톡으로 자신의 삶을 중계하며 기도를 부탁했다. 가수가 되었다고, 농사를 짓는다고, 자살예방 홍보대사가 되었다고, 어느 지자체 홍보대사가 되었다고, 그런데 이제는 책까지 쓰고 있다고…….

중견기업의 중요한 책임을 가진 그가 어디서 그런 시간과 에너지가 나오는지 궁금했다.

그것은 꿈이었다.

그는 꿈을 꾸었고, 꿈을 위해 열정을 쏟았다. 그리고 이제는 꿈을 따는 농부가 되었다. 그의 현재를 있게 한 과거의 모습을 이 책을 통해 엿보며 또 다른 상남자 이제윤이 탄생되길 기대해 본다.

김순원(구리 예인교회 담임목사)

## 한 알의 밀알 같은 삶

성경에는 "한 알의 밀이 땅에 떨어져 죽지 아니하면 한 알 그대로 있고 죽으면 많은 열매를 맺느니라."(요한복음 12:24)라는 말씀이 있습니다. 비록 작은 한 개의 밀알이라고 할지라도 그 안에는 생명력이 있기 때문입니다.

그런데 그 생명력이 드러나려면 밀알은 반드시 썩어야 합니다. '죽음으로써 살린다.'는 역설적인 진리인 것입니다. 이제윤 님은 한 알의 밀알 같은 분입니다. 자신의 달란트(Talent)를 다른 사람들을 위해 아낌없이 바치기 때문입니다. 이제윤 님의 삶의 이야기가 썩어진 밀알이 되어 또 다른 누군가를 살리는 생명력으로 재탄생하기를 바랍니다.

장명철(사랑의 교회 목사)

## 대한민국에서 가장 열심히 살며 더 푸른빛을 내는 사람

이 책의 작가인 이제윤 님을 상사와 부하직원으로 만난 지 어느새 17년이라는 시간이 흘렀습니다.

2002년 이제윤 님이 우리 회사에 처음 입사했을 때는 또 다른 나를 보는 듯 닮은 점이 너무 많아서 당시 이제윤 사원을 볼 때마다 더 잘하길 바라며, 그래서 남들보다 더 많이 다그쳤는지 모르겠습니다.

이제윤 님을 보면 청출어람이란 말이 딱 맞는 듯합니다.

대한민국에서 가장 열심히 살며 더 푸른빛을 내는 이제윤 님을 보면 처음부터 회사 생활을 함께한 선배로서 자랑스럽기도 하고 또한 이제는 친한 형으로서 뿌듯하고, 동료로서 도리어 저를 돌아보는 계기가 되고 있는 사람인 듯합니다.

이렇게 하나하나 이뤄 나가는 이제윤 을 보며 먼 이국(금강공업 베트남 법인 근무)에서 저도 또 한 번 힘을 내 봅니다. 진실하게 살아온 이제윤 님의 모습에 많은 분들이 힘을 얻고 도전을 받으시기 바랍니다.

<상남자야> 이제윤 화이팅~~!

정원배(금강공업(주) 베트남법인 관리팀장, 이제윤 회사 첫 사수)

## 열정의 삶을 자신의 삶으로써 보여주는 사람

우리 모두는 희망을 품고 이를 등대삼아 삶을 살아갑니다.

누군가는 그 희망등대를 자신의 목적달성을 위해 이용하기도 하고, 누군가는 묵묵히 희망등대의 불빛을 밝힐 수 있는 에너지를 주기도 합니다.

그동안 지켜봐온 이제윤 님을 보면 주어진 삶을 스스로가 신이 나고 희망찬 삶으로 가꾸어 가고 있는 사람인 것 같다는 생각을 많이 하였습니다.

첫 만남부터 그에게서는 성실과 열정, 그리고 강한 의지가 느껴졌습니다.

이제윤 님은 직업이 무엇이고 취미활동이 무엇인지 구별과 분별을 넘어선 열정 있는 삶을 말이 아닌 자신의 삶으로써 보여주고 있었습니다.

이 책은 이제윤 님의 삶입니다.

이제윤 님의 에너지이자 희망의 화수분입니다.

윤기찬(자유한국당 부대변인, 법무법인 우송 대표변호사)

## 에필로그

눈물이 났습니다.

돌아가신 아버지, 어머니 이야기를 쓸 때는 혼자 눈물을 훔치기도 했습니다. 아버지, 어머니와의 지나간 일을 회상하며 서재에서 혼자 원고를 쓰는데 눈물이 계속 주르르 흘러 내려 한참이나 휴지로 눈물을 닦았습니다.

혹시 제 아내가 볼까 싶어서 부끄러워 소리 내어 울지도 못했습니다. 더 이상 쓸 수가 없어서 다른 이야기부터 쓰기도 하였습니다.

다시 한 번 이야기하지만 저의 이야기가 절대 대단한 내용은 아닙니다. 부끄러운 마음도 듭니다. 그래도 막내 종말이가 이렇게 책을 썼다고 하면…… 그리고 그 책을 우리 부모님께 보여 드렸다면 누구보다 참 좋아하시고 자랑스러워 하셨을 텐데…….

이제는 다시 할 수 없는 일이기에 더 제 가슴에 사무칩니다. 이 책이 나오게 되면 맨 먼저 부모님 산소에 달려가서 전해 드리고 싶습니다.

비가 오는 날에는 비가 와서 삽을 들고 늘 논으로 향하시던 아버지, 햇볕이 내리쬐는 뙤약볕에도 호미를 들고 늘 밭으로 향하시던 **어머니**, 바람 부는 날에는 바람 불어 고추 쓰러질까 노심초사 발걸음을 재촉하시던 **부모님**.

그때 얼마나 고단하고 힘드셨을지 이제서야 알 것 같습니다. 이마의 주름과 검게 타서 그을린 얼굴……두 분의 얼굴이 정말 보고 싶습니다.

얼마 전, 제 나이 44세에 처음으로 해외선교 및 봉사활동을 다녀왔습니다. 어려서부터 코이카(koica) 등 해외 봉사활동을 정말 해보고 싶었습니다. 한국을 알리고 싶었고 누군가를 도와주고 싶었습니다. 그런데 제가 의료기술이나 다른 특화된 능력이 없었고 직장생활을 하고 있기에 많은 시간을 빼는 것이 쉽지는 않았습니다.

다행히 교회에서 가는 태국 4박 6일 선교 및 봉사활동에 참여할 수 있어서 정말 큰 기대가 되었습니다. 물론 오지에서의 불편한 생활은 솔직히 걱정되기도 했습니다. 가기 얼마 전부터 시련도 많았습니다. 벌레 알레르기로 얼굴이 퉁퉁 부어 응급실로 가기도 했고 뜨거운 물이 손등에 쏟아져 2도 화상을 입어 매일 병원을 찾아야 했습니다.

우여곡절 끝에 다녀왔던 선교 및 봉사활동. 제 평생에 있어서 잊지 못할 최고의 날들이라 자부할 수 있을 것 같습니다.

태국에서 살고 있는 미얀마 노동자 자녀들과 함께 축구도 하고 준비해간 초코파이며 학용품, 유니폼, 치약, 치솔 등 생활용품을 나눠주었습니다. 그리고 우리 축구 국가대표 공식 응원 구호인 "짝짝짝 짝짝~~ 대~한민국!"을 가르쳤는데 100여 명의 아이들 모두가 한마음으로 대한민국을 외쳤을 때는 정말 가슴이 뭉클했습니다. 나중에는 목이 쉬어 말도 안 나왔지만 가슴이 뜨거워지는 것을 느꼈습니다.

그리고 비포장 산길을 3~4시간 들어가는 오지 마을에서의 기억도 너무나 감사했던 시간이었습니다. 무엇보다 대한민국에 사는 데 대한 감사도 함께 가슴 깊이 흘러 나왔습니다. 물론 이 부분은 공감하시지 못하는 분도 있겠지만 저는 대한민국이 자랑스럽고 감사할 뿐입니다.

가는 곳마다 헤어지면서 우리에게 감사하다고 손목을 꼭 잡아주던 지역 주민들과 아이들의 선한 눈망울이 아직도 눈에 선합니다. 무엇보다 지인 분들께서 치약, 칫솔, 초코파이, 생필품 등을 후원해주셨기에 더욱 의미 있고 감사했던 시간이었던 것 같습니다.

지금까지 부족한 저의 이야기를 읽어주신 모든 분들께 이 자리를 빌려 감사의 인사를 드립니다. 그리고 저를 위해 기도해주시고 응원해주신 모든 분들과 귀한 추천사를 써주신 분들, 저희 회사 금강공업(주) 임직원 여러분께도 진심어린 감사의 인사를 드립니다. 또한 사랑의 교회 43기 4반 제자반(담당 : 이원준 목사)에서 함께 성경공부하고 있는 모든 집사님들께도 큰 감사를 드리며 늘 저를 믿고 응원해주는 아내(박영주)에게도 감사를 드립니다. 무엇보다 저를 이 자리까지 이끌어 주신 하나님께 감사의 기도를 드립니다.

**6백만원의 기적**
파이브잡스 '상남자야'
이제윤의 버킷리스트

초판 1쇄 인쇄 2018년 8월 6일
초판 1쇄 발행 2018년 8월 13일

**편저자** 이제윤
**펴낸이** 이재욱
**펴낸곳** (주)새로운사람들
**디자인** 김명선
**캘리그라피** 김미나
**마케팅·관리** 김종림

ⓒ이제윤, 2018

**등록일** 1994년 10월 27일
**등록번호** 제2-1825호
**주소** 서울 도봉구 덕릉로 54가길 25(창동 557-85, 우 01473)
**전화** 02)2237-3301 **팩스** 02)2237-3389
**이메일** ssbooks@chol.com
**홈페이지** http://www.ssbooks.biz

ISBN 978-89-8120-563-8(03810)

*책값은 뒤표지에 씌어 있습니다.